ELAM EN LA ASTROLOGÍA MESOPOTÁMICA

(Con un Addendum de textos sobre Elam)

Enrique Quintana Cifuentes

ELAM EN LA ASTROLOGÍA MESOPOTÁMICA

(Con un Addendum de textos sobre Elam)

© Obra: ELAM EN LA ASTROLOGÍA MESOPOTÁMICA.

Primera edición: Abril, 2024

© Autor: Enrique Quintana Cifuentes

ISBN: 978-84-10039-63-6
Depósito Legal: M-8787-2024

Maquetación y diseño: Jesús Navarro

© Editado por VISION LIBROS www.visionlibros.com

Gestión, promoción y distribución: Grupo Editor Vision Net S.L.
C./ San Ildefonso 17, local, 28012 Madrid. España.
Tlf: 0034 91 3117696 // Email: pedidos@visionnet.es
www.visionnet-libros.com

Disponible en librerías físicas y online.

NOTA AL LECTOR

Tras nuestras publicaciones de Textos para la Historia de Elam (I y II), este opúsculo recoge los últimos documentos mesopotámicos relativos a Elam, con cierto contenido informativo relevante para conocer su historia y cultura.

Al hablar de Mesopotamia, nos referimos a Asiria y Babilonia, las dos civilizaciones de enjundia en el primer milenio anterior a nuestra era, puesto que los textos que traemos a colación en este momento fueron producidos en dicho espacio temporal.

Respecto a Asiria, las ciudades de Asur, Nínive y Kalaj (Nimrud) están en el origen de la información transmitida; en cuanto a Babilonia, la propia capital Babilonia y la ciudad de Uruk, aunque ésta más tardíamente, ya en época griega. Todos los documentos son relativos a la astrología en su más amplia acepción, incluyendo oráculos, profecías, informes astrológicos, observaciones astronómicas, etc.

Se debe tener en cuenta, que en este tema, faltan muchos textos por publicar, por lo que en el futuro podrían aparecer nuevas informaciones sobre Elam, hoy desconocidas.

Incluimos un addendum de unos pocos textos no publicados anteriormente en nuestro *Textos para la historia de Elam*, de esta misma editorial, entre ellos las famosas tablillas de Spartoli, por primera vez en español. Asimismo, incluimos unos textos de poesía cortesana asiria, así denominada por su editor, algunos de los cuales ya fueron divulgados (completos o en resumen o extracto) en la obra antes mencionada, y también una lista de tesoros de los dioses de Akad, enviados a Elam.

CONTENIDO

ABREVIATURAS BIBLIOGRÁFICAS

BPO: Babylonian Planetary Omens.

BPO II: Reiner E.- Pingree D., *Babylonian Planetary Omens, Part II: Enuma Anu Enlil Tablets 50-51*, Bibliotheca Mesopotamica, Vol. 2, Fasc. 2, Malibu: Undena Publications 1981.

BPO III: Reiner E.- Pingree D., *Babylonian Planetary Omens, Part III*, Cuneiform Monographs 11, Groninga: Styx Publications 1998.

BPO IV: Reiner E.- Pingree D., *Babylonian Planetary Omens, Part IV, Cuneiform Monographs* 30, Leiden-Boston: Brill and Styx 2005.

CNI: Carsten Niebuhr Institute.

Koch-Westenholz U., *Mesopotamian Astrology, an introduction to Babylonian and Assyrian celestial divination*, CNI n° 19, Near Eastern Studies, Museum Tusculanum Press, 1995, University of Copenhagen.

CTN: Cuneiform Texts from Nimrud.

Wisement D.J.- Black J. A., *Literary Texts from the Temple of Nabu*, British Institute for the Study of Iraq (BISI) 1996, Volumen 4.

Mul Apin:

Hunger H.- Pingree D., *Mul.Apin, An Astronomical Compendium in Cuneiform*, Ferdinand Berger & Sohne Verlag, Horn, Austria. 1989.

SAA: State Archives of Assyria.

SAA IV: Starr I., *Queries to the Sungod. Divination and Politics in Sargonid Assyria*, Helsinki University Press, 1990.

SAA VIII: Hunger H., *Astrological reports to Assyrian Kings*, Winona Lake, Indiana, Eisenbrauns 2014.

SAA IX: Parpola S., *Assyrian Prophecies*, Helsinki University Press, 1997.

SAA X: Parpola S., *Letters from Assyrian and Babylonian Scholars*. Helsinky University Press 1993.

SpTU: Spätbabylonische Texte aus Uruk.

Parte 1: Hunger H., Band 9, Berlin: Gebr. Mann Verlag 1976.

Parte 2: von Weiher E., Berlin: Gebr. Mann Verlag 1983.

Parte 3: von Weiher E., Berlin: Gebr. Mann Verlag 1988.

Parte 4: von Weiher E., Band 12, Mainz: Verlag Philipp von Zabern 1993.

TCL: Textes cunéiformes du Louvre:

Geuthner P., *Tablettes d'Uruk*, Paris 1922, Tomo 6.

KARI: Keilschrifttexte aus Asur Religiösen Inhalt.

Ebeling E., "Keilschrifttexte aus Asur Religiösen Inhalt", *Wissenshaftliche Veröfentlichungen der Deutschen Orient-Gesellschaft*, (WVDOG) 28, Leipzig, Berlín 1915-1919.

UCP: University of California Publications.

Lutz H. F., *A fragment of the Anu-Enlil Series*, Berkeley 1931, vol. 9.

Introducción

Excepto por un presagio neo-elamita (V. Scheil, Déchiffrement d'un document anzanite relatif au présages, *Revue d'Assiriologie* XIV, Paris 1917, 35-36), casi toda la información astrológica sobre Elam procede de Asiria en su última época, es decir, el periodo neo-asirio y más exactamente del siglo VII a. C.. De modo que no conocemos en realidad la astrología elamita, sino la forma en que Elam es considerado por los astrólogos asirios, cuyos estudiantes iban a Elam a aprender y practicar la astrología; así nos lo dice un informe del astrólogo Marduk-shapik-zeri enviado al rey asirio, comentando que veinte aprendices asirios de astrología han regresado de Elam, siendo ahora expertos capaces, adecuados para el servicio real (SAA X 160: 20).

Hay que tener en cuenta como principio básico del sistema astrológico asirio-babilonio, la parcelación de los signos observados en los cuatro países que formaban su espectro observable astronómico, a saber, Akad, Subartu o Guti, Elam y Amurru, que representaban el Sur, el Norte, el Este y el Oeste, respectivamente, de acuerdo con su situación geográfica. Así, por ejemplo, el lado derecho de la Luna fue asignado a Akad, el lado izquierdo a Elam, la parte superior a Amurru y la parte inferior a Subartu.

No obstante, observamos en otras ocasiones una división basada en una contraposición de ideas de favorable-desfavorable, en función de la dirección de la sombra de la Luna en un eclipse, así Sur = Elam, Norte = Akad, Este = Subartu o Guti, Oeste = Amurru. Excepcionalmente aparece también Sur = Akad y Norte = Elam.

Ocasionalmente sólo se introducen tres países. Así, en el caso de la división de la eclíptica en el camino de los dioses Anu, Enlil y Ea, la división central fue asignada a Akad como reflejo de la jefatura de Enlil, Anu se asignó a Elam y Ea a Amurru. Es decir, el camino o curso de las estrellas de Anu se refería al recorrido de Anu por las estrellas del Ecuador (23 estrellas), Enlil por las del Norte (33 estrellas) y Ea por las del Sur (15 estrellas). Así, Anu representaba el camino ecuatorial, Enlil el camino del Norte y Ea el camino del Sur.

Del mismo modo, al haber sólo tres vigilias para la noche, sólo tres países podían ser tomados en consideración. La primera vigilia fue asignada a Akad, la tercera a Elam y la vigilia del medio a Amurru.

Los doce meses del año fueron divididos en cuatro partes y asignados a los cuatro países mencionados: primero, quinto y noveno mes = Akad; segundo, sexto y décimo mes = Elam; tercero, séptimo y undécimo mes = Amurru; cuarto, octavo y duodécimo mes = Subartu.

En consecuencia, los días fueron también atribuidos en función del número cuatro: 1, 5, 9, 13, 17, 21, 25, 29 = Akad; 2, 6, 10, 14, 18, 22, 26, 30 = Elam; 3, 7, 11, 15, 19, 23, 27 = Amurru; 4, 8, 12, 16, 20, 24, 28 = Subartu.

Astrología asiria sobre Elam

En verdad los reyes asirios consultaban los **oráculos** para todo. En lo concerniente a Elam, las consultas se dirigían al dios Sol. Así, podemos mencionar que el rey asirio Asaradón consulta si debe hacer un pacto de paz con el rey elamita Urtaku, y si éste es honesto en su propuesta (SAA IV 74). Por su parte el famoso rey asirio Asurbanipal quiere saber si el elamita Tamaritu atacará a Asiria (SAA IV 289), o si los elamitas entrarán en guerra con él (SAA IV 281).

También conocemos ciertas **predicciones astrológica**s concernientes a Elam explícita, o implícitamente (se le denomina "la tierra del Este"). Por ejemplo, si un eclipse ocurre el día 14, se refiere a Elam (SAA X 26) o si el 1 de Júpiter en Simanu (III) se da por la mañana, el curso de las estrellas de Anu, significa Elam (SAA X 362); si en el mes de Kislimu (IX) con eclipse de Luna, el Sol está rodeado con un halo, habrá un eclipse en Elam (SAA VIII 382); con Luna nueva el día 1, Elam caerá en combate (SAA VIII 303), pero si Adad truena a la puerta de la Luna, Elam no sólo será derrotado en combate, sino que sus posesiones serán llevadas a otro país (SAA VIII 119); si Cáncer se acerca al Arado habrá dispersión de Elam (SAA VIII 452).

Las profecías pueden igualmente referirse a un peligro para Asiria, por ejemplo, el ataque de Elam, que se producirá:

Si Marte y Saturno aparecen enfrentados en el halo Lunar en Luna llena, significa que Elam atacará (SAA VIII 168);

O bien, Marte y otro planeta (Enuma Anu Enlil 56);

O si un planeta se mantiene al Sur (Enuma Anu Enlil 56).

La muerte del rey de Elam ocurrirá según diferentes aspectos astrológicos:

Si el 26 de Ayaru (II), hay un eclipse de Sol y Marte brilla lánguidamente con una apariencia amarillenta, el rey de Elam morirá ese año, (se entiende Marte en el curso de Enlil, a los pies de Perseo) (SAA X 100);

Lo mismo en el mes de Duzu (IV) (SAA VIII 114);

El eclipse de la Luna en Adaru (XII), también hará morir al rey de Elam (SAA VIII 250) o en Ululu (VI) (SAA VIII 251);

Si la aparición de la Luna en Escorpio está en su cuerno derecho, el rey de Elam será muerto ese año, su reinado terminará y un enemigo atacará y saqueará el interior de su país (SAA X 364); o bien, morirá por una rebelión de siervos o simplemente lo matarán (CTN 4, 14).

Si Júpiter se oculta tras la Luna, el rey de Elam caerá en combate (SAA VIII 100) o simplemente morirá (SAA VIII 438);

Si la Luna tiene un halo y la estrella Yugo está en él, el rey de Elam morirá (SAA VIII 383);

Si hay un eclipse solar en Ayaru (II) el día 29, el rey de Elam morirá (SAA VIII 384);

Si un planeta se acerca a Aldebarán el rey de Elam morirá (SAA VIII 503).

Si un planeta se acerca a la quijada del buey, el rey de Elam morirá (Enuma Anu Enlil 56);

En algún que otro caso, se informa de un **suceso, diferente a la muerte**, que afectará al rey de Elam, así:

Si el día 28 a las 2 ½ dobles horas aparece cubierto, con nubes por el Norte, el rey de Elam pasará hambre (SAA VIII 104);

O si un cometa es visible en el curso de las estrellas de Anu, los días del rey de Elam estarán cerca del final (SAA VIII 339);

o si hay eclipse de la Luna en Simanu (III) y al acabar la vigilia de la tarde sopla el viento del Sur, caída del rey de Elam (SAA VIII 535);

Si el planeta que se llama Mercurio (o) Marte está cubierto de brillo: el rey de Elam se hará fuerte (Enuma Anu Enlil 56);

Si un planeta y Venus se mueven paralelos (uno hacia otro) y la Luna aparece debajo de ellos: en ese mes un eclipse del rey de Elam tendrá lugar (Enuma Anu Enlil 56).

La caída de Elam en general, si bien se da a entender que será la derrota de sus ejércitos, se producirá también:

Si en el mes de Abu (V) sopla una tormenta desde el Oeste (SAA VIII 31),

Si una niebla se levanta en día nuboso (SAA VIII 34, 353),

Si en el mes de Nisanu (I), Venus desciende oscuro sobre el horizonte y se pone (SAA VIII 56),

O lo hace en el mes de Abu (V) (SAA VIII 96),

Si hay un eclipse en Nisanu (I) el día 28 (SAA VIII 104),

Si un cometa es visible en el curso de las estrellas de Anu (SAA VIII 339, 456).

Destrucción de Elam y su gente, con Luna llena el día 14, si un planeta se ve en Tauro (SAA VIII 459).

Otro texto más complejo incluye a Elam en una serie de profecías negativas diversas, de las que sólo las dos últimas son positivas para Elam:

"3) Cuando el Campo se levante en el mes de Nisanu (I), pero el del Este no sea visible, en el país de Elam [el campo plantado no producirá y los hombres se comerán el precio de sus hijos] ... 11) Cuando las estrellas más bajas choquen entre sí Elam y Akad [serán abatidos]... 13) [Cuando las estrellas más bajas] se unan entre sí, Elam y el país de [Akad serán saqueados durante 5 años]... 14) [Cuando las estrellas superiores se oscurezcan] y las inferiores aparezcan [normales] [en] Elam [durante 5 años, Erra y Adad se comerán a sus hombres]. 15) Cuando las estrellas inferiores [se oscurezcan y las superiores aparezcan normales, en Elam] y Akad [durante 5 años, Erra y Adad se comerán a sus hombres]. 17) Cuando las estrellas inferiores estén verdes y las superiores [aparezcan normales, durante 5 años en el país de Akad] y Elam [el campo plantado no producirá, y habrá hambre en el país]. 18) Cuando las estrellas superiores estén muy rojas, en Elam y Amurru se extenderá el mercado. 19) Cuando las estrellas inferiores estén muy rojas [en Elam y en el país de Akad el campo plantado producirá] (Enuma Anu Enlil 51).

En general y con respecto a la información astrológica propiamente dicha, los **rasgos astronómicos o astrológicos principales de Elam,** que obtenemos por la astrología asiria nos informan que:

"El mes de Tebetu (X) es Elam" (SAA VIII 120, 472), excepcionalmente lo es Ayaru (II) (SAA VIII 487; CNI n° 19, l. 270), aunque en general los meses de Elam son tres: Ayaru (II), Ululu (VI) y Tebetu (X) (CNI n° 19, l. 275),

"La vigilia de la mañana es Elam" (SAA VIII 4, 103, 308, 351, 487; CNI n° ll. 19 y 292),

"El lado izquierdo de la Luna es Elam" (SAA VIII 316; CNI n° 19, l. 184),

"Venus es la estrella de Elam" (SAA VIII 302), otras veces lo es Marte (CNI n° 19, ll. 94 y 239).

El viento del Sur es Elam (CNI n° 19, l. 293).

O bien que, "el día 14 es Elam" (SAA VIII 4, 300, 316, 336, 487).

De modo que, si se producen aspectos negativos en dichos rasgos, entonces ello es **malo para Elam**; por ejemplo:

Un eclipse de Luna el día 14 (SAA VIII 388),

Un eclipse de Luna por la mañana (SAA VIII 4),

Menor brillo del Sol en el curso de las estrellas de Anu, pero si la disminución del brillo solar se eleva en el curso de las estrellas de Anu significa que una desgracia caerá sobre Elam por la mañana (SAA X 79);

Si Venus desaparece o desciende oscuro en el mes de Abu (V) (SAA VIII 246),

O si desaparece en el Este en Nisanu (I), durante los 30 días del mes (SAA VIII 145);

Si la Luna nueva es visible el día uno (SAA VIII 57, 86, 105, 188, 372, 373),

O el día 14 siendo Luna llena (SAA VIII 293, 520),

O estando Mercurio en Escorpio (SAA VIII 371),

O el día 28 (SAA VIII 63);

Si el eclipse de la Luna se desplaza al Sur y al Oeste (SAA VIII 316);

Si la Luna tiene un halo y la estrella Yugo está en él (SAA VIII 383).

En cambio, si los rasgos son positivos, entonces es **bueno para Elam**; por ejemplo:

Luna llena el día 12 (SAA VIII 88),

Con Luna llena el día 15, si la oposición Luna-Sol se da ese mismo día en vez del 14 (SAA X 94),

O bien, Escorpio aparece en el flanco de la Luna, lo que supone auge para Elam (CTN 4, 14).

Podemos ver que, por la documentación asiria, nos enteramos que, en el periodo neo-asirio, Elam formaba parte fundamental de su astrología, siendo estudiado continuamente.

Astrología babilónica sobre Elam

La información astrológica babilónica sobre Elam, se limita a textos de época seleúcida, má propiamente del siglo III a. C., provenientes de Uruk, aunque como dice uno de ellos: se trata de tablillas que el rey neo-babilonio Nabopolasar rey del País del Mar se llevó de Uruk y fueron copiadas en Elam y traídas de nuevo a Uruk por un alto sacerdote, durante el reinado de Seleuco y Antíoco (TCL 6, 38).

Se trata básicamente de profecías sobre Elam o sobre el rey de Elam.

Respecto a éste, el texto TCL 6, 16 repite lo visto en Enuma Anu Enlil 56; se añade además, que si en el día 15 hay lluvias del cielo e inundaciones del agua subterránea, el rey de Elam morirá (UCP 9, 9).

Las profecías sobre Elam son buenas y malas.

En cuanto a las profecías malas:

Si Mercurio aparece en el signo zodiacal de Elam y ... se mantiene: habrá terror en Elam (SpTU 1, 93).

Si (un eclipse tiene lugar y) Venus se obscurece: hambre en el país de Elam (SpTU 1, 94).

Si Júpiter se sale de Cáncer y termina en Leo: ... Hambre en Elam (SpTU 1, 94).

Si Marte brilla y se estaciona dentro del Surco: un enemigo atacará a Elam. Si Venus se oscurece: (el enemigo) se llevará botín (TCL 6, 13).

En cuanto a las profecías buenas:

(Texto roto)... en el país de Elam los negocios se expandirán... (SpTU 1, 94).

Si Marduk, mientras mora en Esagil, se dobla a su izquierda: los dioses de Elam (lo salvarán) (SpTU 2, 35).

Si Marduk, al salir del Esagil al comienzo del año, se dobla a su izquierda: el país de Elam se enfurecerá (SpTU 2, 35).

Si Marduk, al salir del Esagil al comienzo del año, retrocede a su izquierda: los cimientos de Elam serán firmes (SpTU 2, 35).

Si Marte se acerca a Cáncer: Elam surgirá (SpTU 3, 101).

Mención aparte merecen las series del planeta Venus de los Omens planetarios babilonios, de los que entresacamos algunas referencias originales relativas a Elam o al rey de Elam:

En el Este, el lado izquierdo de Venus es Elam. En Occidente, el lado derecho de Venus es Elam (BPO III K.2907+12248 y K.2346+3904+8725).

Si Venus está en el Este dentro de Leo: en Elam habrá batalla (BPO III K.3632 y K.3601+Rm. 103).

Si está dentro de Escorpio: malo para Elam (BPO III K.2346+3904+8725).

Si Venus en su salida es negra: Enlil mirará con enojo a Elam, en el país se pesará el mercado (BPO III D.T.47).

Si Venus está dentro de la Luna: el hijo del rey se levantará para hacer una revuelta, por orden divina perecerá Elam, habrá lluvias en el país, por orden divina el país disminuirá (BPO III VAT 10218 y K.8688). O bien: Elam destruirá una ciudad fronteriza mía, una ciudad poderosa será tomada por la astucia (BPO III VAT 10218 y K.3111+10672), o: derrota de Elam (BPO III K.3601+Rm. 103).

Si Venus entra en la Luna y sobrevive a la vigilia y sale: entre la gente de Elam habrá muchachas huérfanas, cosas problemáticas, cosas confusas, cosas no buenas, en el campo la gente venderá a sus hijos por plata, un país grande irá a un país pequeño para ganarse la vida, el rey de Elam será confinado en su palacio y capturado, lo matarán en su guarida como una serpiente, ruina de Elam y su pueblo, fortalezas serán destruidas, habrá hambre de cebada y paja, los perros se volverán rabiosos y morderán a los hombres, al ganado, a las ovejas, a los burros, en Elam todo lo que muerdan no se recuperará (BPO III K.3111+10672 y K.7169+7223 y SM 781).

Si Venus ha tomado una estrella en su lado derecho (o cuerno) y Venus es grande y la estrella es pequeña: el rey de

Elam se volverá poderoso y gobernará a la gente de las cuatro regiones, recibirá tributo de los reyes que son sus rivales (variante: iguales), tomará el trono del rey que es su rival. Marte está a su derecha (BPO III BM 75228 y VAT 10218 y K.2226+5969 y K.7936+11331 y K.229+7935 y K.3601+Rm. 103).

Si Venus se eleva en el camino de Ea: Elam se arruinará (BPO III SM 781 y K.7936+11331 y K.3601+Rm. 103 y K.2816+7220 y 81-2-4,229).

Si en el camino de Anu: prosperidad de Elam y el rey de Elam no tendrá rival (BPO III SM 781 y K.7936+11331 y K.3601+Rm. 103 y K.2816+7220 y 81-2-4,229 y D.T.47 y 81-2-4, 239 y K.3601+Rm. 103).

También si Venus sigue durante seis meses el camino de Anu y se detiene: los dioses se reconciliarán con Elam (BPO III SM 781 y K.7936 + 11331 y K.3601 + Rm. 103 y K.2816 + 7220 y 81-2-4,229 y ND 4362).

Si en el camino de Enlil: Elam vendrá a la ruina (BPO III SM 781 y K.7936+11331 y K.3601+Rm. 103 y K.2816+7220 y 81-2-4,229).

Si Venus entra en las estrellas: Elam será derribado en su [...] Una fortaleza (o ciudad) será demolida (BPO III VAT 10218 y K.229+7935).

Si Venus no cambia su posición: el rey de Elam dondequiera que vaya vencerá, Elam vivirá en paz (BPO III K.7936+11331y K.3601+Rm. 103 y K.2816+7220 y K. 3708+12663).

Si Venus [...] se levanta y lleva dos coronas: el rey de Elam ejercerá el dominio mundial, recibirá tributo de los reyes sus rivales (BPO III K.2226+5969).

Si Venus en el mes II (o en el mes del Surco de la Cosecha) sale al amanecer y está rodeado por un halo: Elam experimentará el confinamiento (BPO III Enuma Anu Enlil 59-60 y K.229+7935). Si esa aureola es blanca o verde: Elam verá dificultades o desgracias (BPO III Enuma Anu Enlil 59-60 y K.229+7935). Si ese halo es largo: Elam verá abundancia (BPO III K.229+7935), si es rojo: El rey de Elam verá abundancia (BPO III Enuma Anu Enlil 59-60).

Si Venus al amanecer está rodeado por un corral de ganado: Elam experimentará el confinamiento. Si ese corral de ganado es largo: Elam verá abundancia (BPO III ND 4362).

Si Venus en el mes II sale por el Este y los Grandes Gemelos y los Gemelos Pequeños, los cuatro, la rodean y ella se oscurece: el rey de Elam caerá enfermo y no se recuperará (BPO III Enuma Anu Enlil 59-60).

Si Venus en el mes III se levanta en medio del cielo y se pone tenuemente: los reyes de Elam, Akad, Guti y Amurru se volverán hostiles entre sí y morirán, sus hijos no tomarán sus tronos, sus países se harán más pequeños y experimentarán mala fortuna (BPO III Enuma Anu Enlil 59-60).

Si Venus en el mes V desciende al horizonte tenuemente (variante: permanece atenuado): la caída de Elam y su ejército ocurrirá en ese mes (variante: por las armas) (BPO III Enuma Anu Enlil 59-60).

Aparte otros diversos fenómenos celestes relativos a Elam, sólo algunas menciones más se pueden obtener de la documentación, pero que poco añaden a lo expuesto.

En conclusión, a partir de la documentación mesopotámica (asiria y babilónica), podemos notar que en el I milenio a.C., en su mayor parte, Elam fue parte esencial de sus estudios astrológicos, siendo un asunto académico fundamental para escribas y astrólogos.

MENÓLOGO

I	Nisanu (marzo-abril)
II	Ayaru o Iyyar (abril-mayo)
III	Simanu o Sivan (mayo-junio)
IV	Duzu (junio-julio)
V	Abu o Ab (julio-agosto)
VI	Ululu o Elul (agosto-septiembre)
VII	Tashritu (septiembre-octubre)
VIII	Arahsamna (octubre-noviembre)
IX	Kislimu o Kislev (noviembre-diciembre)
X	Tebetu (diciembre-enero)
XI	Shabatu (enero-febrero)
XII	Adaru o Adar (febrero-marzo)

DOCUMENTACIÓN CITADA

Oráculos:

SAA IV: 74, 281, 289.

Informes astrológicos a los reyes asirios:

Informes asirios:

SAA VIII: 4, 31, 34, 56, 57, 63, 84, 86, 88, 96, 100, 103, 104, 105, 114,119, 120, 145, 168, 188.

Informes babilonios:

SAA VIII: 246, 250, 251, 293, 300, 302, 303, 308, 316, 336, 339, 351, 353, 371, 372, 373, 382, 383, 384, 388, 438, 452, 456, 459, 472, 487, 503, 520, 535.

Otros textos:
Serie Enuma Anu Enlil: 51 y 56.
Textos de Kalaj (Nimrud):
CTN 4: 14.
Textos seleúcidas de Uruk:
SpTU 1: 93 y 94.
SpTU 2: 35.
SpTU 3: 101.
TCL 6: 13, 16 y 38.
UCP 9: 9.
BPO III varios.
CNI nº 19, ll. 94, 184, 239, 270, 275, 292, 293.

Predicciones astrológicas:
SAA X: 26, 79, 94, 100, 160, 362, 364.

LOS TEXTOS

INDICE

Consultas al dios Sol:

SAA IV: 74, 139, 142, 144, 271, 273, 274, 280, 281, 282, 289, 290.

Informes astrológicos asirios:

SAA VIII: 4, 26, 31, 34, 56, 57, 63, 84, 86, 88, 96, 100, 103, 104, 105, 114, 119, 120, 145, 158, 168, 188.

Informes astrológicos babilonios:

SAA VIII: 246, 250, 251, 284, 293, 300, 302, 303, 308, 316, 336, 339, 341, 351, 353, 371, 372, 373, 382, 383, 384, 388, 438, 452, 456, 457, 459, 472, 487, 503, 520, 535.

Profecías:

SAA IX: 2, 7, 8.

Predicciones astrológicas:

SAA X: 26, 79, 94, 100, 160, 362, 364.

Otros textos:

Textos religiosos de Asur:

KARI: 421.

Serie Enuma Anu Enlil:

BPO II: 51, 56 y BPO IV: 63?.

Mul Apin 1.

Textos de Kalaj (Nimrud):

CTN 4: 3.

CTN 4: 14.

Textos seleúcidas de Uruk:

SpTU 1: 93 y 94

SpTU 2: 35

SpTU 3: 101

TCL 6: 13, 16 y 38

UCP 9: 9

Las Series de Venus:

BPO III:

Grupo A: VAT 10218, K.8688, BM 75228.

Grupo B: K.3111+10672, K.2226+5969, K.3632, K.7169+7223.

Grupo C: EAE (Enuma Anu Enlil) 59-60, K.2907+12248.

Grupo D: SM 781.

Grupo E: K.229+7935.

Grupo F: K.7936+11331, K.3601+Rm.103, K.2816+7220, 81-2-4,229, D.T.47, ND 4362, K.2346+3904+8725, K.3708+12663, 81-2-4,239.

La gran lista de estrellas:

CNI n° 19: ll. 94, 184, 239, 270, 275, 292, 293.

CONSULTAS A SAMASH

EL DIOS SOL

SAA IV, 74.
¿Ha escrito Urtaku sinceramente sobre la paz con Asaradón?

Anverso:

(2-3) Si Urtaku rey de Elam ha enviado [esta propuesta de paz] a Asaradón, rey de Asiria,

(4) [¿ha hablado] la verdad, palabras ciertas de am[istad a Asaradón, rey de Asiria]?...

Reverso:

(1) (Informe de) Shuma-Nabu-ushallim.

(2) Mes II, día 6, [año...].

SAA IV, 139.
¿Habrá una rebelión contra Asaradón?

(2-3) [Desde el día] 6 de este mes Adar (XII) [hasta el día 5 del mes Sivan (III) del próximo año], [durante 90 días] y noches...

(10-12) los itueos, los elamitas, los arqueros montañeses, [los hititas y los gurreos, o] los acadios, los arameos, o los cimerios, o los egipcios, o los nubios, o los quedaritas,

(22-23) ¿se levantarán y rebelarán contra Asaradón rey de Asiria? [¿tendrán malas intenciones contra él?]...

Lateral de la tablilla:

(1) (Informe de) Marduk-šumu-usur, Nasiru, Tabnî,

(2) Aqaraya, Marduk-šumu-ibni, Banî y [NN].

(3) Mes XII, día 6... [...].

SAA IV, 142.
¿Se rebelará alguien contra el príncipe Asurbanipal?

Anverso:

(2) [Desde el día... del] mes II, hasta el primer día del mes siguiente III de este año, [durante... días y noches]...

(10-12) los itueos, los elamitas, los arqueros montañeses, [los hititas y los gurreos,] o los arameos, o los cimerios, o los filisteos, o los nubios, los egipcios o los sabuqueos...

(20-21) o cualquier hombre ¿se levantará [y rebelará contra Asaradón rey de Asiria? o ¿actuará] con malas intenciones contra él? [...]...

Reverso:

(15) (Informe de) [NN] y Nasiru con sus hijos y Aqaraya.

SAA IV, 144.
Fragmento similar al No. 139

(2) [Desde el día... de este mes... hasta el día... del mes] de este [año, durante... días y noches...]...

(10) [los itueos, los elamitas, los arqueros montañeses, los gurreos], o los maneos, los medos, los cimerios, [o los arameos, los hititas o los filisteos o] los sidonios, o los egipcios, [o los nubios, o los quedaritas, o los sabuqueos [...]...

SAA IV, 271.
¿Debe ser enviado Nabu-sharru-usur a saquear a los Gambulu?

Anverso:

(2-4) ¿Debe Asurbanipal, rey de Asiria, [enviar a] Na[bu-sharru-usur, jefe eunuco, con] hombres, caballos, y [tropa]s, como [quiere], a la región de los Gam[bulu para matar, sa[quear y asolar]?...

(6-8) los hombres, caballos (y) ejército [de los Gambulu] ¿pelearán [con Nabu-sharru-usur, jefe eunuco, y] el ejército de Asurbanipal, rey de Asiria, que fue con él,

(9) [o] los hombres y gran ejército [de los elamitas... con] Nabu-sharru-usur, jefe eunuco, a [...]?

Reverso:

(4) [Te pregunto, (dios) Samash...

(7-9) (si) los hombres y gran ejército de [los elamitas con Nabu-sharru-usur], jefe eunuco, y el ejército a su disposición [... o (si) las tropas] de los Gambulu [pelearán] con él...

Lateral de la tablilla:

(1) [Mes..., día..., año epónimo de] Sha-Nabu-shu (658).

SAA IV, 273.
Fragmento similar al No. 271

Anverso:

(6) Omitiendo a las pocas tropas elamitas [...]

Reverso:

(8-10) [si Asurbanipal, rey de Asiria], ha de enviar hombres, caballos [y un ejército como desea a...]...

Lateral de la tablilla:

Mes VIII, día 17, año [...].

SAA IV, 274.
¿Debe Asurbanipal, rey de Asiria y Elam, nombrar a NN ...?

(2-3) [¿Debe Asur]banipal, rey de Asiria (y) rey de [El]am, [nombrar a NN ...]?

SAA IV, 280.
¿Se unirá a la guerra Nabu-bel-shumate?

Reverso:

(1-2) Nabu-bel-shumate del País del mar, que no hizo caso del favor de Asurbanipal, rey de Asiria,…

(5-8) ahora Asurbanipal, rey de Asiria, tu adorador, ha oído: "Ha alistado arqueros en Elam y viene",

(9-14) ¿entablará combate con los hombres y ejército de Asurbanipal, rey de Asiria, o con los asirios, o los acadios, o los caldeos, o los arameos, que han abrazado los pies de Asurbanipal, tu criatura?

(15) Desfavorable.

(16-19) Omitiendo que está en marcha y se pare en la frontera de Elam, o de su país, ya sea para causar terror o pedir ayuda, y no cruce la frontera (de Asiria).

(20) Mes I, día 4, año epónimo de Sagab (651).

(21) Asur-dan-sharru y Dannaya, informantes.

SAA IV, 281.

¿Se mobilizarán los elamitas y se unirán a la guerra?

Reverso:

(3-8) Desde el día 8 de este mes V hasta el día 8 del VI, ¿se reunirá el ejército elamita, se organizará, marchará, luchará con los hombres y ejército de Asurbanipal, rey de Asiria?

(8) Desfavorable...

(11) Tablilla de Danaya el eunuco.

(11-12) Asur-dan-sharru informante.

(12) Mes XII, [día...], año epónimo de Sagab (651).

SAA IV, 282.

¿Huirá Samash-shuma-ukin a Elam?

Reverso:

(3) Asurbanipal rey de Asiria...

(6) ha oído esto:

(7-9) "Samash-shuma-ukin huirá a Elam" ¿son estas palabras ciertas? ¿Huirá a Elam?...

(10) Desfavorable.

(11) Mes VII, día 15, año epónimo de Sagab (651).

(12) Dari-sharru y Danaya informantes.

SAA IV, 289.
¿Invadirá Tamaritu el territorio asirio?

Anverso:

(1-3) Esto es lo que se dijo a Asurbanipal, rey de Asiria: "Tamaritu, rey de Elam, ha alistado sus tropas entrando hostilmente en territorio asirio".

(4) ¿Es esto cierto?,

(5-10) desde este día, el día uno de este mes, [...] de este año, hasta el día uno del mes que viene, [...] de este año, las tropas y ejército de Tamari[tu], rey de Elam, ¿continuarán batallando o entrarán hostilmente en territorio asirio, o en (la ciudad de) Nippur?

Reverso:

(1-5) Cuando las tropas de los puqudeos se enteren de esta salida del rey de Elam, ¿se rebelarán? ¿se harán hostiles a Asurbanipal, rey de Asiria?

(6) Según un informe de Ku[durru].

SAA IV, 290.
¿Dejará Samash-shuma-ukin Babilonia si Asiria toma Sippar?

Reverso:

(6-9) ¿Debe Asurbanipal, rey de Asiria, poner al hombre cuyo nombre está escrito en esta tablilla..., al frente de las tropas de (la ciudad de) Bit-Amukani?,

(10-12) si lo pone, ¿se aliará con Samash-shuma-ukin, o con Na[bu-bel-shum]ate, o con el rey de [Elam]? (resto perdido).

INFORMES ASTROLOGICOS
ASIRIOS

SAA VIII, 4.
Eclipse de Luna por la mañana

Anverso:

(9) Un eclipse en la vigilia de la mañana supone que el pueblo enfermo se pone bueno; el plazo de la vigilia de la mañana es 10 meses.

(10) La vigilia de la mañana es Elam; el día 14 es Elam...

Reverso:

(3) [Si] un eclipse empieza en el Sur y sopla el viento del Norte: caída de Elam (y) Guti...

(4) Si un eclipse empieza en el Sur y aclara en el Norte: caída de Elam...

Lateral de la tablilla:

(3) (Informe) de Issar-shumu-eresh.

SAA VIII, 26.
Signo al alba relativo a Elam

(2-3) Signo al alba relativo a Elam.

(4) (Informe) de Issar-shumu-eresh.

SAA VIII, 31.
Tormenta en el mes Abu (V)

Reverso:

(5-6) Si (en Abu V) una tormenta [sopla] desde el Oeste: caída de Elam.

(7) (Informe) de Issar-shumu-eresh.

SAA VIII, 34.
Niebla en el mes intercalar Adaru (XII)

Anverso:

(3-4) Si [una niebla se levanta] en día nuboso: caída de [Elam...]...

Reverso:

(1) (Informe) de Issar-shumu-eresh.

SAA VIII, 56.
Mañana final de Venus

Reverso:

(1-2) [Si Venus] (en el mes de Nisanu I) desciende oscuro sobre el horizonte y se pone: habrá una caída de Elam.

(3) (Informe) de Nabu-ahhe-eriba.

SAA VIII, 57.
Luna nueva el día 1

Reverso:

(6-7) Si la Luna es visible el día 1: bueno para Akad, malo para Elam y Amurru...

(10) (Informe) de Nabu-ahhe-eriba.

SAA VIII, 63.
(sin título)

(1-2) [Si la Luna] es visible el día 28: bueno para Akad, malo para Elam...

SAA VIII, 84.

Mañana primero de Júpiter en Géminis

(5-7) Si Júpiter [pasa] a la espalda [de Géminis]: en Elam [...] será abandonado y una plaga [devorará]...

SAA VIII, 86.

Luna nueva el día 1

Reverso:

(1-4) [Si la Luna se hace visible] el día 1: bueno para A[kad], malo para Elam y Amurru...

(5) (Informe) de Balasi.

SAA VIII, 88.

Luna llena el día 12

Reverso:

(1-2) [Si la Luna] se ve el día 12: malo para Akad, bueno para Elam y Amurru.

(4) (Informe) de Balasi.

SAA VIII, 96.

Tarde final de Venus

Anverso:

(3-4) [Si Venus en Abu (V)] desciende oscuro sobre el horizonte y se pone: tendrá lugar [la caída de Elam y] sus tropas en combate...

Reverso:

(8) (Informe) de Balasi.

SAA VIII, 100.
Ocultación de Júpiter

(4-7) Si Júpiter entra en la Luna, habrá hambre en Amurru, el rey de Elam caerá en combate, en Subartu un noble se levantará contra su señor.

SAA VIII, 103.
Eclipse de Luna

Reverso:

(1) [...] la vigilia de la mañana es Elam […].

(7) (Informe) de Akkulanu.

SAA VIII, 104.
Eclipse de Sol por la mañana

Anverso:

(1) El día 28, a las 2 1/2 'dobles-horas' [del día...]…

(7) Si el día [aparece cubierto] con nubes en la parte Norte: [hambre para el rey de Elam]…

Reverso:

(5-7) Si [hay] un eclipse en Nisanu (I) el día 28: caída de Elam [...] el rey de Elam...

(9) (Informe) de Akkulanu.

SAA VIII, 105.
Luna nueva el día 1

Anverso:

(7) [Si la Luna] se ve [el día 1]: bueno para Akad, malo para Elam.

Reverso:

(11) (Informe) de Akkulanu.

SAA VIII, 114.
Mañana primero de Marte junto a Mercurio

Anverso:

(1) [Ma]rte visible en Duzu (IV)...

(6-7) [Si] Marte aparece brillante y su brillo es amarillo: el rey de Elam morirá…

Reverso:

(5) (Informe) de Bullutu.

SAA VIII, 119.
Luna nueva el día 1

Anverso:

(5-7) Si (el dios) Adad truena a la puerta de la Luna: habrá derrota del ejército de Elam en combate; las posesiones de su país serán reunidas en otro país.

(8-9) Esto significa que (el dios) Adad truena mientras se ve la Luna.

Reverso:

(1) (Informe) de Bullutu.

SAA VIII, 120.
Luna nueva el día 30

(1-3) Si la Luna es visible en Tebetu (X) el día 30: Ahlamu devorará a Subartu; un extranjero reinará en Amurru.

(4) Tebetu (X) es Elam.

(5) (Informe) de Bullutu.

SAA VIII, 145.
Mañana final de Venus

Anverso:

(5-9) Si Venus desaparece en el Este en Nisanu (I) desde el día 1 hasta el día 30: habrá lamentos en el país.

Reverso:

(1-2) Lamentos son llantos. Esto es malo para Elam.

(3) (Informe) de Nabu-mushesi.

SAA VIII, 158.
Meteoro, Avistamiento de Mercurio

Reverso:

(4-5) Este (presagio anterior) viene de la boca de un experto, cuando Nabucodonosor I venció a Elam…

(10) (Informe) de Nabu-mushesi.

SAA VIII, 168.
Marte y Saturno en el halo Lunar en Luna llena

Reverso:

(5-6) Si Marte y un planeta se enfrentan y están allí (en el halo Lunar): ataque de Elam.

(7-8) Si Marte está [...]: el rey de Elam morirá.

(9) (Informe) de Bamaya.

SAA VIII, 188.
Luna nueva el día 1

(7-8) Si la Luna es visible el día 1: bueno para Akad, malo para Elam y Amurru...

INFORMES ASTROLOGICOS
BABILONIOS

SAA VIII, 246.
Predicción de la Mañana primero de Venus en Leo

Anverso:

(5-7) Si Venus en Abu (V) desciende oscuro sobre el horizonte y se pone: habrá una caída de Elam...

Reverso:

(4) (Informe) de Nergal-etir.

SAA VIII, 250.
Predicción de Eclipse de Luna

Anverso:

(6) Si la Luna se eclipsa en Adaru (XII): el rey de Elam [morirá]...

Reverso:

(9) (Informe) de Nergal-etir.

SAA VIII, 251.
Predicción de Eclipse de Luna el mes de Ululu (VI)

Reverso:

(6-7) En Ululu (VI) la Luna hará un eclipse (relativo a) Elam.

(8) (Informe) de Nergal-etir.

SAA VIII, 284.
(sin título)

Anverso:

(4) [...] de Elam [...]...

Reverso:

(4) (Informe) de Nergal-etir.

SAA VIII, 293.
Luna llena el día 14

Anverso:

(8-9) Si la Luna se ve el día 14: bueno para Akad, malo para Elam y Amurru…

Reverso:

(10) (Informe) de Nabu-iqisha de Borsippa.

SAA VIII, 300.
Eclipse de Luna en la vigilia de la tarde

Anverso:

(16-17) [Si] hay un eclipse en Simanu (III) el día 14: un rey [efectivo que es famoso morirá, y su hijo, que] no fue llamado a reinar, se apoderará del trono, y [habrá] hostilidad (o) muertes]...

Reverso:

(13) [Un eclipse] en la vigilia de la tarde supone muertes.

(14) [El plazo] de la vigilia de la tarde es 3 meses y 10 días.

(15-16) [La vigilia de la tarde] es Akad; Simanu (III) es Amurru; el día 14 es Elam […], Amurru.

(17) (Informe) de Zakir.

SAA VIII, 302.
Saturno, Régulo y Orión en el halo Lunar

Anverso:

(1) [Si Venus... desde] el día 1 hasta el día 30 [...]

(2-3) Venus [...] días [...] no alcanzó ni se puso [...]

Reverso:

(1-2) de Elam. Signo en el Este [...] Venus es la estrella de Elam...

(10) (Informe) de Zakir.

SAA VIII, 303.
Luna nueva el día 1, Meteoro

Anverso:

(1) Si la Luna es visible el día 1:...

Reverso:

(2-5) [Si] una estrella brilla y se pone como una antorcha [de] Oeste a Este: el enemigo conquistará una ciudad fronteriza mía en Elam; caída del ejército de Elam.

(6) (Informe) de Zakir.

SAA VIII, 308.
Sol rojo

Anverso:

(4-5) Si el Sol al salir tiene un brillo rojo: un eclipse ocurrirá, y (el dios) Adad devastará.

(6) La vigilia de la mañana se refiere a Elam. Este signo ocurrió al alba.

Reverso:

(7) (Informe) de Zakir.

SAA VIII, 316.
Eclipse de Luna, Júpiter Visible

Anverso:

(6-12) El día 14 es malo, como se ha dicho, el día 14 es Elam... (La Luna) empujó todo su eclipse al Sur y Oeste; esto es malo para Elam y Amurru... El lado derecho de la Luna es Akad, el lado izquierdo de la Luna es Elam, la parte alta de la Luna es Amurru, la parte baja de la Luna es Subartu...

Reverso:

(17) (Informe) de Munnabitu.

SAA VIII, 336.
Eclipse de Luna en la vigilia de la tarde el 14 del mes de Sivan (III)

Reverso:

(9) Un eclipse en la vigilia de la tarde supone muertes;

(10-12) el plazo de un eclipse en la vigilia de la tarde es 3 meses y 10 días. El mes Sivan (III) es Amurru, el día 14 es Elam, la vigilia de la tarde es Akad [...]...

(13) (Informe) de Asharedu.

SAA VIII, 339.
Cometa y tarde final de Júpiter

Anverso:

(1-6) [Si] un cometa [es visible en el sendero de las estrellas de] Anu: [caída de Elam. Su] pueblo [...] será confundido [...] ciudad con ciudad [...] hermano matará al hermano [...]

Reverso:

(1-2) el rey de Elam [...] sus días están cerca (del final)…

(8) (Informe) de Asharedu.

SAA VIII, 341.
Mañana primero de Marte en Géminis

Anverso:

(1) [Si] en Duzu (IV)...

Reverso:

(1-2) Si Marte [...]: en ese año el rey de Elam […]…

(4) (Informe) de Asharedu el joven.

SAA VIII, 351.
Ocultación de las Pléyades

Anverso:

(1-3) Si las Pléyades [entran en la Luna]:... el enemigo [...] Elam.

(9) Desde que la Luna entró en las Pléyades,

Reverso:

(1-3) el viento del Norte sopla. La vigilia de la mañana es Elam; esto es malo para el enemigo...

(8) (Informe) de Asharedu el joven.

SAA VIII, 353.
Niebla en el mes de Adar (XII)

Anverso:

(6) Si una niebla se levanta en día nuboso: caída de Elam.

Reverso:

(8) (Informe) de Asharedu.

SAA VIII, 371.
Mercurio visto en Escorpio

Anverso:

(11) Si la Luna se ve el día 14: bueno para Akad,

Reverso:

(1) malo para Elam y Amurru...

(11) (Informe) de Nabu-shuma-ishkun.

SAA VIII, 372.
Luna nueva el día 1

Reverso:

(1-3) Si la Luna se ve el día 1: bueno para Akad, malo para Elam y Amurru...

(6) (Informe) de Nabu-shuma-ishkun.

SAA VIII, 373.
Luna nueva el día 1

Reverso:

(5-7) Si la Luna se ve el día 1: bueno para Akad, malo para Elam y Amurru.

(8) (Informe) de Nabu-shuma-ishkun.

SAA VIII, 382.
Eclipse de Luna en el mes de Kislev (IX)

(5-6) Si el Sol el día de desaparición de la Luna está rodeado por un halo: habrá un eclipse de Elam...

(8) (Informe) de Rashil el viejo, siervo del rey.

SAA VIII, 383.
Marte y Saturno en el halo Lunar

Reverso:

(1-3) Si la Luna (tiene) un halo, y la estrella Yugo está en él:... el rey de Elam morirá.

(4) La estrella Yugo significa Marte.

(5-6) Marte es la estrella de Amurru, malo para Amurru y Elam...

(11) (Informe) de Rashil el viejo, siervo del rey.

SAA VIII, 384.
Eclipse de Sol

Anverso:

(9-11) Si hay un eclipse solar en Ayaru (II) el día 29, empezando por el Norte y estabilizándose en el Sur, si su cuerno izquierdo es puntiagudo y el derecho largo...

Reverso:

(9) el rey de Elam [morirá]...

(12) [...] siempre para Elam [...]...

(13) (Informe) de Rashil el viejo, siervo del rey.

SAA VIII, 388.
Predicción de Eclipse de Luna

Anverso:

(1-3) El día 14 la Luna hará un eclipse. Malo para Elam y Amurru...

Reverso:

(4) (Informe) de Rashil el viejo, siervo del rey.

SAA VIII, 438.
Ocultación de Júpiter

Anverso:

(1-3) Si Júpiter entra en la Luna: Habrá hambre en Amurru, el rey de Elam morirá…

Reverso:

(10) (Informe) de Tabiya.

SAA VIII, 452.
Marte en Cáncer

Anverso:

(1-5) Si Cáncer se acerca al Arado (constelación): el arado del país colgará de un gancho, habrá inundación del país, [...] en el suelo, dispersión de Elam y [...]...

Reverso:

(3) (Informe) de Ahhesha de Uruk.

SAA VIII, 456.
Cometa y tarde final de Júpiter

(1-2) Si un cometa es visible en el sendero de las estrellas de Anu: habrá una caída de Elam en combate...

(8) (Informe) de Bel-lei, descendiente de Egibi, exorcista.

SAA VIII, 457.
Luna nueva el día 29

(7-8) [Desde el día...] hasta el día 30, hasta el mes [...] el mes de Elam.

(9) (Informe) de Bel-lei, descendiente de Egibi, exorcista.

SAA VIII, 459.
Luna llena el día 14, Planeta visto en Tauro

Reverso:

(15) [...]... la destrucción de Elam y su gente se hará manifiesta [...].

(18) (Informe) de Bel-lei, descendiente de Egibi, exorcista.

SAA VIII, 472.
Luna nueva el día 30

(1-6) Si la Luna se hace visible en Tebetu (X), el día 30…, escarcha; habrá rumores de un enemigo. Tebetu (X) significa Elam...

(11) (Informe) de Bel-upahhir.

SAA VIII, 487.
Eclipse de Luna

(1-6) Escribí al rey, mi señor lo siguiente: habrá un eclipse de Luna. Ahora no pasará desapercibido, ocurrirá. El eclipse es bueno para mi señor: Ayaru (II) significa Elam, el día 14 significa Elam, la vigilia de la mañana significa [Elam]. Mes, [día, vigilia, todo] se refiere a E[lam]... Amurru será afectado junto con Elam...

(7) (Informe) de Nadinu.

SAA VIII, 503.
Tarde primero de Mercurio en Tauro

(4-5) Si un planeta se acerca a Aldebarán: el rey de Elam morirá.

SAA VIII, 520.
Luna llena el día 14

Reverso:

(1-2) [Si la Luna] se ve el día 14: bueno [para Akad, mal]o para Elam y Amurru.

SAA VIII, 535.
Eclipse de Luna el 15 del mes de Sivan (III)

(6-7) Si (la Luna) hace un eclipse (en Sivan-III) en la vigilia de la tarde, y termina la vigilia, y el viento del Sur sopla: caída del rey de Elam, el rey de Guti, y de sus países.

PROFECIAS

SAA IX, 2:
Sobre la estabilidad de Asaradón

III:

(12) Yo elegiré (por ti) a los emisarios elamitas y maneos (para que puedas confiar en ellos)...

(18) Salido de la boca de la mujer Urkittu-sharrat de Kalaj.

SAA IX, 7:
Para el príncipe heredero Asurbanipal

(La profetisa Mullissu-kabtat dice a Asurbanipal que no tema, pues ha dicho):

(14)... yo acabaré con el país de los cimerios como con Elam.

SAA IX, 8:
Sobre los elamitas

(1) Palabras sobre el país de Elam. (2) Así ha dicho el dios:...

(8)... destruiré el país de Elam, (9) su ejército será nivelado con la tierra,

Reverso:

(1) de este modo (2) acabaré con el país de Elam.

PREDICCIONES ASTROLÓGICAS

SAA X, 26:
¿Qué significa que el eclipse se produzca?

(De Isar-shumu-eresh al granjero):

Reverso:

(1-3) Si ocurre un eclipse el día 14, se refiere a Elam.

SAA X, 79:
Amanecer ominoso

(De Nabu-ahhe-eriba al rey de Asiria):

(8-10) El brillo del Sol disminuye en el camino de las estrellas de Anu, eso es malo para Elam.

(11-17) Se ha dicho lo siguiente: La disminución del brillo solar, si se eleva en el camino de las estrellas de Anu, significa que una desgracia caerá sobre Elam por la mañana.

(18-19) En el camino de las estrellas de Anu significa malo para Elam.

SAA X, 94:
Luna llena el día 15.

(De Akkulanu al rey de Asiria):

Reverso:

(2-3) Si la oposición Luna-Sol se da el día 15, eso es malo para Akad, bueno para Elam y Amurru.

SAA X, 100:
Primero de Marte por la mañana en Ayaru (II), eclipse del Sol

(De Akkulanu al rey de Asiria):

(18-19) Si Marte brilla lánguidamente y su apariencia es amarillenta, el rey de Elam morirá ese año. (Marte en el camino de Enlil, a los pies de Perseo).

SAA X, 160:
20 expertos capaces, adecuados para el servicio real

Anverso:

(De Marduk-shapik-zeri al rey asirio):

(47-50) Entre los [… aprendices] que estudian conmigo en […], hay […] que [han regresado] de Elam, [escribas, chantres], exorcistas, harúspices y físicos; los reuniré y los enviaré [al rey] mi señor.

Reverso:

(1-3) [NN] ha cruzado aquí desde Elam, [domina] la extispicina y es un experto en astrología, en hermenéutica sumeria y en [los secretos del cielo] y de la tierra; es útil para el rey, mi señor.

SAA X, 362:
Primero de Júpiter por la mañana en Sivan (III)

(14-15) Si Júpiter se hace visible en el camino de las estrellas de Anu: el príncipe heredero se rebelará contra su padre y se apoderará del trono.

(16) El camino de las estrellas de Anu significa Elam. Pertenece a Elam.

SAA X, 364:
Luna en Escorpio

Reverso:

(11-14) Si a la aparición de la Luna, Escorpio está en su cuerno derecho, el rey de Elam será muerto ese año, su reinado terminará y un enemigo atacará y saqueará el interior de su país.

OTROS TEXTOS

(Asirios y babilonios)

Textos religiosos de Asur

KARI 421

"... Un príncipe surgirá, 13 años ejercerá la realeza. Habrá una rebelión de Elam contra Akad. El botín de Akad será saqueado. (Elam) destruirá los templos de los grandes dioses. La caída de Akad será decidida..."

Serie Enuma Anu Enlil

BPO II pp. 64-66

Tablilla 51

(Omen neo-asirio: [Si el Cuervo (Corvus) recorre [el camino del sol]).

"(3) Cuando el Campo se levante en el mes de Nisan (marzo-abril), pero el del Este no sea visible, en el país de Elam [el campo plantado no producirá y los hombres se comerán el precio de sus hijos] ...

(11) Cuando las estrellas más bajas choquen entre sí, Elam y el país de Akad [serán abatidos]...

(13) [Cuando las estrellas más bajas] se unan entre sí, Elam y el país de [Akad serán saqueados durante 5 años. En el año 5] Akad se levantará [y Elam caerá].

(14) [Cuando las estrellas superiores se oscurezcan] y las inferiores aparezcan [normales] [en] Elam [durante 5 años, (el dios) Erra y (el dios) Adad se comerán a sus hombres].

(15) Cuando las estrellas inferiores [se oscurezcan y las superiores aparezcan normales, en Elam] y Akad [durante 5

años, (el dios) Erra y (el dios) Adad se comerán a sus hombres]...

(17) Cuando las estrellas inferiores estén verdes y las superiores [aparezcan normales, durante 5 años en el país de Akad] y Elam [el campo plantado no producirá, y habrá hambre en el país].

(18) Cuando las estrellas superiores estén muy rojas, en Elam y Amurru se extenderá el mercado.

(19) Cuando las estrellas inferiores estén muy rojas [en Elam y en el país de Akad el campo plantado producirá]".

TCL 6, 16

Tablilla 56

(Omen neo-asirio: [Si Venus desde
el primero] hasta el día 30).

(73) (Si) el planeta que se llama Mercurio (o) Marte está cubierto de brillo: el rey de Elam se hará fuerte...

(108) (Si) un planeta y Marte se oponen (uno a otro) y se mantienen: ataque de Elam...

(117) (Si) un planeta y Venus se mueven paralelos (uno hacia otro) y la Luna aparece debajo de ellos: en ese mes un eclipse del rey de Elam tendrá lugar y el establo de animales del país será destruído...

(123) (Si) un planeta se acerca a la quijada del buey: el rey de Elam morirá...

(130) (si) un planeta se mantiene al Sur: ataque de Elam y Guti...

(146) (Si) un planeta se acerca a la quijada del buey: en ese año el rey de Elam morirá.

BPO IV pp. 41-42

Tablilla 63 (?)

(Omen de Júpiter Bm 35045+46236)

Anverso:

(2) [Si Júpiter pasa por la cabeza de Venus]: Akad será conquistada con un arma poderosa.

(3) [Si Júpiter pasa por el hombro (?) de Venus]: Elam será conquistado con un arma poderosa.

(4) Si Júpiter pasa por la derecha de Venus: Guti será conquistado con un arma poderosa.

(5) Si Júpiter pasa por la izquierda de Venus: Amurru será conquistado con un arma poderosa.

...

(19) [Si Júpiter] llega a la cabeza del Escorpión: en Akad la tasa de mercado existente se dividirá por 2.

(20) [Si Júpiter] llega a la mitad del Escorpión: en Akad una tasa de mercado de 1 kur se convertirá en 1 sut.

(21) [Si Júpiter] llega a la cola del Escorpión: en Akad una tasa de mercado de 1/2 qa se convertirá en 1 siclo.

(22) [Si Júpiter] llega a la garganta (variante: el cabello) del Escorpión:

(23) [en Elam] la tasa de mercado existente se dividirá por 2.

(24) [Si Júpiter] llega al ombligo del Escorpión: en Elam una tasa de mercado de 1 kur se convertirá en 1 sut.

Las unidades kur, sut y qa son medidas de capacidad que se relacionan de la siguiente manera:

1 kur (180 litros) = 5 ban, 1 ban = 6 sut y 1 sut = 6 qa (es decir, 1 qa = 1 litro).

Serie Mul Apin

Mul Apin nº 1
(Texto astronómico neo-asirio)

(49) El Arco: (la diosa) Ištar la elamita, hermana del (dios) Enlil...

Textos de Kalaj (Nimrud)

CTN 4, 003
(Omen neo-asirio)

(8') Elam.

CTN 4, 014
(Omen neo-asirio)

Columna ii:

(9) (Si) la Flecha está en su cuerno derecho (de la Luna): el rey de Elam. Sus esclavos (10) le matarán en una rebelión...

(17) (Si) el Escorpión está en su flanco (de la Luna): en ese año (habrá) roedores. (18) Auge de Elam. Sésamo, dátiles de palmera y dátiles ... (o): (19) se recogerán. O bien, todo junto, el camino del país será bloqueado.

(20) (Si) el Escorpión está en su cuerno derecho: en ese año, enjambres de langostas devorarán la cosecha del país.

(21) O bien, el rey de Elam; en ese año lo matarán...

Textos seleúcidas de Uruk

SpTU 1, 93
(Omen de Uruk)

(5') [...] Mercurio aparece en el signo zodiacal de Elam y [...] ..
(6') se mantiene: habrá terror en Elam. [...]...

SpTU 1, 94
(Texto astrológico)

Anverso:

(23) Si (un eclipse tiene lugar y) Venus se oscurece: hambre en el país de Elam...

(29) (Si) Júpiter se sale del Cangrejo y termina en Leo:

(30) generosidad en el país de Akad. El país de Akad disfrutará de buenos negocios. Hambre en Elam.

Reverso:

(2) [...] en el país de Akad los negocios decrecerán. En el país de Elam los negocios se expandirán...

SpTU 2, 35
(Omen seleúcida)

Anverso:

(3) (Si) ditto (el dios Marduk, mientras mora en el templo Esagil,) se dobla a su izquierda: los dioses de Elam ditto (lo salvarán)...

Reverso:

(3) (Si) ditto (el dios Marduk), al salir (del templo Esagil al comienzo del año), se dobla a su izquierda: el país de Elam se enfurecerá...

(5) (Si) ditto (el dios Marduk), al salir (del templo Esagil al comienzo del año), retrocede a su izquierda: los cimientos de Elam serán firmes...

SpTU 2, 41
(Omen seleúcida)

(26') ... Elam...

SpTU 3, 101
(Omen seleúcida)

(6') (Si) Marte se acerca al Cangrejo: Elam surgirá. Una ciudad será asediada...

(23') (Si) el Arco alcanza Šulpae: Elam [...] ... alimento.

SpTU 4, 162
(Omen seleúcida)

(23) ... ditto (matanza): El país bárbaro (significa): el país de Elam...

TCL 6, 13
(Texto astrológico seleúcida)

(21') Si Marte brilla y se estaciona dentro del Surco: un enemigo atacará a Elam.

(22') Si Venus se oscurece: (el enemigo) se llevará botín.

TCL 6, 16 (= Enuma Anu Enlil 56)
(Omen seleúcida)

Anverso:

(46) (Si) el planeta que se llama Mercurio (o) Marte está cubierto de brillo: el rey de Elam se hará fuerte...

Reverso:

(13) (Si) un planeta y Marte se oponen (uno a otro) y se mantienen: ataque de Elam...

(21) (Si) un planeta y Venus se mueven paralelos (uno hacia otro) y la Luna aparece debajo de ellos: en ese mes un eclipse del rey de Elam tendrá lugar y el establo de animales del país será destruido...

(29) (si) un planeta se mantiene al Sur: ataque de Elam y Guti...

(44) (Si) un planeta se acerca a la quijada del buey: en ese año el rey de Elam morirá.

TCL 6, 38
(Ritual de encantamiento seleúcida)

(46-48): Escrito de acuerdo a las palabras de tablillas que Nabopolasar, rey del País del Mar, se llevó de Uruk, y luego

Kidin-Anu, el de Uruk, el sacerdote encantador de Anu y Antu, descendiente de Ekur-zakir, el alto sacerdote del templo Reš,

(49) vió esas tablillas en el país de Elam, y durante el reinado de Seleuco y Antíoco, los reyes, las copió y trajo a Uruk.

UCP 9-9
(Omen seleúcida)

(16') (Si) en el día 14: lluvias del cielo, inundaciones del agua subterránea vendrán (o): habrá hambruna. (Si) en el día 15: el rey de Elam morirá...

Las Series de Venus

BPO III

Grupo A

VAT 10218

(35) Si Venus está dentro de la Luna: el hijo del rey se levantará para hacer una revuelta, por orden divina Elam perecerá, habrá lluvias en el país, por orden divino el país disminuirá...

(43) Si Venus entra en la Luna: Elam destruirá mi ciudad fronteriza, su ciudad... será capturada...

(60) Si Venus entra en las estrellas: Elam será derribado al año siguiente, su [...] Una fortaleza será derribada...

(70) Si Venus ha tomado una estrella en su lado derecho y Venus es grande y la estrella es pequeña: el rey de Elam se volverá importante y poderoso y gobernará las tierras de las cuatro regiones, recibirá tributo de los reyes sus iguales-Marte está a su derecha.

K.8688

(22) Si Venus está dentro de la Luna: el hijo del rey se rebelará, por orden divina Elam perecerá, habrá lluvias en el país.

BM 75228

(5) Si Venus entra en las estrellas: Elam al año siguiente será derribado una fortaleza será derribada, Venus [...]

(14) Si Venus ha tomado una estrella en su lado derecho y Venus es grande y la estrella es pequeña: el rey de Elam se volverá fuerte y poderoso y gobernará a la gente de las cuatro regiones, recibirá tributo de los reyes sus iguales.

Grupo B

K.3111+10672

(10) Si Venus entra en la Luna: Elam destruirá una ciudad fronteriza mía, una ciudad poderosa será tomada por el ardid…

(14) Si Venus entra en la Luna y sobrepasa la vigilia: la gente de Elam [...] habrá niñas huérfanas, cosas problemáticas, cosas confusas, cosas no buenas en el país, gente [...] la gente venderá a sus hijos por plata, un país grande irá a un país pequeño para ganarse la vida, el rey de Elam será confinado en su palacio y capturado, lo matarán en su guarida como una serpiente, ruina de Elam y su gente, fortalezas serán destruidas, el mercado de Elam disminuirá, habrá hambre de cebada y paja, los perros se volverán rabiosos y morderán a los hombres, al ganado, a las ovejas, a los burros, en Elam todo lo que muerdan no se recuperará.

K.2226+5969

(36) Si Venus ha tomado una estrella en su lado derecho y Venus es grande y la estrella es pequeña: el rey de Elam se volverá importante y fuerte, gobernará a la gente de los cuatro cuartos, recibirá tributo de los reyes sus rivales, se sentará en el trono del rey su rival…

(42) Si Venus [...] se levanta y lleva dos coronas: el rey de Elam ejercerá el dominio mundial, recibirá tributo de los reyes sus rivales.

K.3632

(22) Si Venus en el Este está dentro de Leo: habrá una gran batalla en Elam.

K.7169+7223

(4) Si Venus entra en la Luna y sobrepasa la vigilia y sale: la gente de Elam [...] habrá niñas huérfanas, cosas problemáticas, cosas confusas, no cosas buenas, en el país la gente venderá a sus hijos por plata, un país grande irá a un país pequeño para ganarse la vida, el rey de Elam será confinado en su palacio y capturado, lo matarán en su guarida como una serpiente, ruina de Elam y su gente, fortalezas serán destruidas [...] habrá hambre de cebada y paja, los perros se volverán rabiosos y morderán a los hombres, al ganado, a las ovejas, a los burros, en Elam todo lo que muerdan no se recuperará.

Grupo C

EAE (Enuma Anu Enlil) 59-60

II
(9) Si Venus en el mes II se eleva en el Este y está rodeado por un halo: el rey de Elam experimentará confinamiento.

(10) Si Venus en el mes II se eleva en el Este y está rodeado por un halo y ese halo es rojo: el rey (var.: el país) de Elam verá abundancia.

(11) Si Venus en el mes II se eleva en el Este y está rodeado por un halo y ese halo es verde: el rey de Elam verá el mal.

(12) Si Venus en el mes II se eleva en el Este y está rodeado por un halo y ese halo es blanco: el rey de Elam verá tiempos difíciles.

(13) Si Venus en el mes II se levanta en el Este y los Grandes Gemelos y los Pequeños Gemelos, los cuatro, lo rodean y se atenúa: el rey de Elam caerá enfermo y no se recuperará…

(15) Si Venus en el mes II se eleva en medio del cielo: el rey de Elam, el rey de Akad, el rey de Guti, el rey de Amurru, el rey se volverá hostil al rey (variante: el rey de Elam, el rey de Akad, el rey de Guti, el rey de Amurru, se volverán hostiles).

(16) Si Venus en el mes II se levanta y se pone débilmente: el rey de Elam, el rey de Akad, el rey de Guti, el rey de Amurru, todos se volverán hostiles, sus países a la vez se volverán más pequeños y experimentarán malos tiempos.

III

(2) Si Venus en el mes III se eleva en medio del cielo (variante: y permanece durante tres días) y se pone tenuemente: en ese año el rey de Elam, el rey de Akad, el rey de Guti, el rey de Amurru, todos morirán, sus hijos no tomarán (variante: tomarán) sus tronos.

(3) Si Venus en el mes III se eleva en medio del cielo y se pone tenuemente: el rey de Elam, el rey de Akad, el rey de Guti, el rey de Amurru, todos se volverán hostiles entre sí, sus países a la vez se volverán más pequeños y experimentarán mala fortuna.

IV

(10) Si Venus en el Este los Grandes Gemelos lo rodean y están por encima de él: el rey de Elam [...] en ese mismo año.

V

(3) Si Venus en el mes V desciende al horizonte débilmente (variante: permanece atenuado): la caída de Elam y su ejército ocurrirá en ese mes (variante: por las armas).

K.2907+12248

II

(6) Venus en el Este: su lado derecho es Akad, su lado izquierdo Elam.
(7) Venus en el Oeste: su lado derecho es Elam, su lado izquierdo Akad.

Grupo D

SM 781

(13) Si Venus entra en la Luna y sobrepasa la vigilia y sale: la gente de Elam [...] habrá cosas confusas, no cosas buenas, en el país la gente venderá a sus hijos por plata, un país grande irá a un país pequeño para ganarse la vida, el rey de Elam estará confinado en su palacio, lo matarán en su guarida como una serpiente, ruina de Elam y su gente, fortalezas serán destruidas, habrá hambre de cebada y paja, los perros se volverán rabiosos y morderán a los hombres, al ganado, a las ovejas, a los burros, en Elam todo lo que muerdan no se recuperará.

(14) Si Venus se eleva en el camino de Ea: Amurru prosperará, Elam se arruinará.

(15) Si Venus se eleva en el camino de Anu: prosperidad de Elam.

(16) Si Venus se eleva en el camino de Enlil: Akad prosperará, Elam vendrá a la ruina…

(18) Si Venus sigue durante seis meses el camino de Anu y se detiene: los dioses se reconciliarán con Elam…

(21) Si Venus es visto en el camino de Anu: el rey de Elam no tendrá rival.

Grupo E

K.229+7935

Anverso:

(29c) Si Ishtar (Venus) en el mes de Abu: detrás [...] Elam [...]

Reverso i:

(22) Si Ishtar (Venus) en el mes del Surco de la Cosecha se eleva al amanecer y está rodeada por un halo: Elam experimentará confinamiento.

(23) Si Ishtar ídem y ese halo es largo: Elam verá abundancia.

(24) Si Ishtar ídem y ese halo es blanco: Elam verá la desgracia.

(25) Si Ishtar ídem y ese halo es verde: Elam verá dificultades.

Reverso ii:

(8) Si Ishtar (Venus) ha tomado una estrella en su cuerno derecho e Ishtar (Venus) es grande y la estrella es pequeña: el rey de Elam se volverá importante y poderoso y gobernará las tierras de las cuatro regiones, recibirá tributo de los reyes sus iguales.

(9) Si Ishtar (Venus) entra en las estrellas: Elam [...] una ciudad será destruida.

Grupo F

K.7936+11331

(1) Si Venus se eleva en el camino de Ea: Amurru prosperará, Elam llegará a la ruina.

(2) Si Venus se eleva en el camino de Anu: prosperidad de Elam.

(3) Si Venus se eleva en el camino de Enlil: Akad prosperará, Elam vendrá a la ruina…

(5) Si Venus sigue durante seis meses el camino de Anu y se detiene: los dioses se reconciliarán con Elam…

(8) Si Venus se hace visible en el camino de Anu: el rey de Elam no tendrá rival…

(10) Si Venus no cambia su posición: el rey de Elam dondequiera que vaya vencerá, el país vivirá en paz…

(12) Si Venus ha tomado una estrella en su lado derecho y Venus es grande y la estrella es pequeña: el rey de Elam se volverá poderoso y gobernará a la gente de las cuatro regiones, recibirá tributo de los reyes que son sus rivales, tomará el trono del rey que es su rival-Marte está a su derecha.

Anverso:

(1) Si Venus se eleva en el camino de Ea: Amurru prosperará, Elam llegará a la ruina.

(2) Si Venus se eleva en el camino de Anu: prosperidad de Elam.

(3) Si Venus se eleva en el camino de Enlil: Akad prosperará, Elam llegará a la ruina…

(5) Si Venus sigue durante seis meses el camino de Anu y se detiene: los dioses se reconciliarán con Elam…

(8) Si Venus se hace visible en el camino de Anu: el rey de Elam no tendrá rival…

(11) Si Venus en el Este o el Oeste se interpone en el camino de Anu: buena fortuna para Elam…

(13) Si Venus no cambia su posición: el rey de Elam dondequiera que vaya vencerá, Elam vivirá en paz…

(15) Si Venus ha tomado una estrella en su lado derecho y Venus es grande y la estrella es pequeña: el rey de Elam se volverá poderoso y gobernará a la gente de las cuatro regiones, recibirá tributo de los reyes que son sus rivales, tomará el trono del rey que es su rival-Marte está a su derecha.

Reverso:

(15) Si Venus está en el Este dentro de Leo: en Elam habrá batalla…

(18) Si Venus en el Este entra en la Luna: el rey de Elam […]…

(20) Si Venus […] entra en la Luna: derrota de Elam […].

K.2816+7220

(1) Si Venus se eleva en el camino de Ea: Amurru prosperará, Elam llegará a la ruina.

(2) Si Venus se eleva en el camino de Anu: prosperidad de Elam.

(3) Si Venus se eleva en el camino de Enlil: Akad prosperará, Elam llegará a la ruina…

(5) Si Venus sigue durante seis meses el camino de Anu y se detiene: los dioses se reconciliarán con Elam…

(8) Si Venus se hace visible en el camino de Anu: el rey de Elam no tendrá rival…

(10) Si Venus no cambia su posición: el rey de Elam dondequiera que vaya vencerá, su tierra permanecerá en paz.

81-2-4,229

(1) Si Venus se hace visible en el camino de Anu: los dioses se reconciliarán con Elam, el rey de Elam no tendrá rival.

D.T.47

(2) Si Venus en el Este o el Oeste se interpone en el camino de Anu: bueno para Elam…

(8) Si Venus en su salida es negro: Enlil mirará enojado a Elam, en el país se pesará el mercado.

ND 4362

Anverso:

(13) Si Venus es visto en el Este: los dioses se reconciliarán con Elam.

Reverso ii:

(21') Si Ishtar (Venus) [...] en la salida del Sol y está rodeado por un corral de ganado:

(22') Elam experimentará el confinamiento.

(23') Si Ishtar (Venus) ídem y ese corral de ganado es largo: Elam verá abundancia.

K.2346+3904+8725

(6) Si Venus en el Este: su lado derecho es Akad, su lado izquierdo Elam…

(24) Si Venus entra en Escorpio: habrá hambre en el país; si en el Este: malo para Elam…

(36) [Si...] revuelta de Elam [...] porque Mercurio [...]

K. 3708+12663

(11) Si Venus no cambia su posición: el rey de Elam dondequiera que vaya conquistará (variante: el país vivirá en paz)…

(15) [Si...] el rey de Elam morirá.

(7) Si Venus en el Este o el Oeste se encuentra en el camino de Anu: bueno para Elam.

La gran lista de estrellas

CNI 19

APÉNDICE B

(94) La estrella de Elam (es) Marte…

(184) el lado izquierdo de la Luna (es) Elam…

(239) La estrella de Elam (es) Marte…

(270) el mes Ayaru (II) (es) Elam…

(275) los meses Ayaru (II), Ululu (VI), Tebetu (X) (son) Elam…

(292) la vigilia de la mañana (es) Elam.

(293) el viento del Sur (es) Elam.

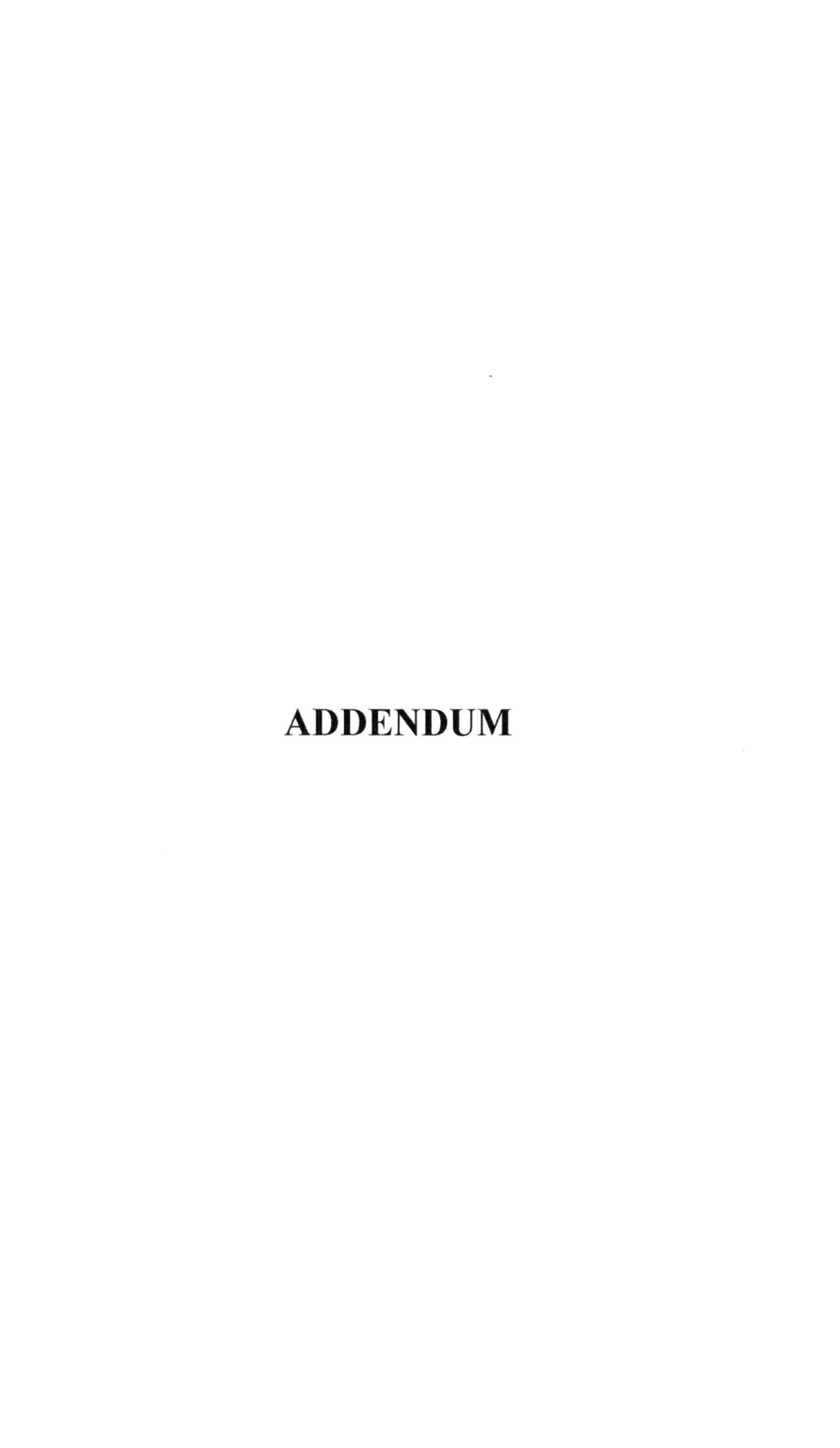

ADDENDUM

TERCER MILENIO

TEXTOS LITERARIOS SUMERIOS

Mensaje de Lu-dingira a su madre:

TEXTO ADD 1

(The Electronic Texts Corpus Of Sumerian literature (ETCSL), Other literature: songs, elegies and related compositions: the message of Lu-dingira to his mother, Faculty of Oriental Studies, University of Oxford)

"(24) (Ella es) cornalina preciosa, un topacio del país de Marhashi...
(39) (Ella es) un dátil dulce del país de Dilmun..."

TEXTOS LITERARIOS ACADIOS

ENCANTAMIENTOS:

TEXTO ADD 2

(van Dijk J. J., *Early Mesopotamian Incantations and Rituals*, Yale Oriental Series (YOS), Babylonian Texts, vol 11, New Haven, Yale University Press, 1985, nº14, rev. 1-6)

Este encantamiento es contra una condición llamada *mashka-du*, que atacaba la musculatura del ganado, produciendo dolor de las articulaciones:

"... muerde como lo hace un lobo, salta como lo hace un perro elamita..."

TEXTO ADD 3
(E. Reiner, A collection of Sumerian and Akkadian incantations, Graz 1958, *Archive für Orientforschung (AfO)* Beiheft 11. SHURPU tablilla II 161-164)

"Que Insusinak y Lahuratil (= Ruhurater) liberen en Susa; que Yabru, Humban, Naprushu (= Napirisha) liberen, estos sublimes dioses".

TEXTO ADD 4
(E. Reiner, A collection of Sumerian and Akkadian incantations, Graz 1958, *Archive für Orientforschung (AfO)* Beiheft 11. SHURPU tablilla VIII 21 y 27)

"La diosa Lagamal (= Lakamar)..., La diosa Naruda (= Narunte)".

POESÍA MITOLÓGICA:

El mito de Anzu:

TEXTO ADD 5
(Saggs H. W. F., Additions to Anzu, *Archiv für Orientforchung (AfO)* 33, Berlin-Graz 1986, pp. 6-9. Versión tardía. Tablilla III)

"(131) "En Elam (te) llaman Hurabtil,
(132) "En Susa hablan de ti como Inshushinak."

PROFECÍAS:

La profecía del rey Shulgi de Ur III:

TEXTO ADD 6

(Borger R., Gott Marduk und Gott-König Shulgi
als Propheten. Zwei prophetishe Texte, *Bibliotheca
Orientalis* (BiOr) 28 nº 1/2, Leiden 1971, pp. 14-21)

"Yo (soy) Šulgi...
*Yo era el señor de las cuatro regiones del mundo, desde la
salida del Sol hasta la puesta del Sol... (la diosa) Ninlil me
ordenó: "¡Pon en orden al dios Humba" del rey de Susa
(?)... ese príncipe proseguirá con "¡Ay!" y "¡Ay!" Todas
las tierras son dadas como una sola al rey de Babilonia y
Nippur. Cualquiera que sea el rey que surja después de mí,
a causa de (?) Balda[ha] (y) el país de Elam al Este, será
[arrojado a] un completo [desorden]. Los hititas [conquis-
tarán] Babilonia [...]".*

CORRESPONDENCIA DE UR III:

(TCS I: Sollberger E., *The Business and Administrative
Correspondence under the Kings of Ur*, Texts from
Cuneiform Sources (TCS) I, Locust Valley 1966)

TEXTO ADD 7
(TCS I nº 8)

"A [NN] dile:

la daga de hierro de Anshan se ha perdido;
es urgente, ¡búscala!".

TEXTO ADD 8
(TCS I nº 153)

Anverso:

"A Lugal-itida dile:
La finca nakabtum, que era para dar al elamita y al de Karahar,

Reverso:

Como tú les habías dicho, que se la entregue".

SEGUNDO MILENIO

LOS YÁBRIDAS O SUKKALMAH DE ELAM

Y

MESOPOTAMIA

BABILONIA (I DINASTÍA):

HAMURABI[1]

Correspondencia:

TEXTO ADD 9

(Carta de Hamurabi rey de Babilonia a Sin-idinnam)
(Pinches Th. G., "ON CERTAIN INSCRIPTIONS AND
RECORDS REFERRING TO BABYLONIA, ELAM, AND
THEIR RULERS, AND OTHER MATTERS", *Journal of
the transactions of the Victoria Institute*, or Philosophical
Society of Great Britain Volume XXIX, 1897, pp. 69-70)

(King L. W., *The letters and inscriptions of Ḥammurabi,
King of Babylon, about B.C. 2200 : to which are added
a series of letters of other kings of the first dynasty of
Babylon*, Londres 1898, vol. I, pp. XXIX-XXXVI)

Interpretación y traducción antigua:

*"Di a Sin-Idinnam: Así habla Hammurabi: las diosas del
(templo) Emutbal, que llegaron hasta ti en los días de **Kudur-
Lagamar (Ku-tur-là-ah-gá-mar)**: Cuando te pidan que las
devuelvas, entrégaselas a mis hombres; ellos las tomarán de
tus manos y a las diosas que las lleven a su morada".*

---

1   Esta carta se relacionó en su momento con el rey bíblico Codorlaomer,
porque se identificaba a Hamurabi con Amrafel, mencionado en la Biblia
como adversario de aquél. Posteriormente una colación por fotografías
mostró que el nombre de Kudur-Lagamar estaba mal leído y correspondía
leer en su lugar Inuhshamar. No obstante, todavía existen dudas al
respecto, por lo que damos ambas versiones, la antigua (probablemente
errónea) y la moderna.

Interpretación y traducción moderna:

"Di a Sin-Idinnam: Así habla Hammurabi: las diosas del (templo) Emutbal, que te han sido asignadas (y) las tropas al mando de **Inuhshamar (I-nu-uh-sha-mar)** *te llegarán a salvo. Cuando te lleguen, con las tropas en tus manos, destruye al pueblo y a las diosas que las lleven a salvo a su morada".*

LA DINASTÍA ELAMITA DE LOS SHUTRUKIDAS

Y

BABILONIA

CODORLAOMER[2]

TEXTO ADD 10

(Génesis 14: 1-17. Biblia griega de los LXX)

*"Ocurrió, durante la realeza de Amarfal rey de Sennaar, que Ariok rey de Ellasar, **Kodol-logomor** rey de Ailam (Elam) y Targal rey de las naciones, Hicieron la guerra contra Balla, rey de Sodoma, contra Barsa, rey de Gomorra, contra Sennaar, rey de Adama, contra Simobor, rey de Seboim, y contra el rey de Balac, es decir, de Segor. Todos estos se reunieron cerca del barranco de sal, es decir, el Mar de la Sal. Durante 12 años habían servido a **Kodol-logomor**, pero en el año 13 se separaron. En el año 14 llegaron **Kodol-logomor** y los reyes que estaban con él, y despedazaron a los gigantes de Astarot Karnain, y con ellos a las naciones poderosas... Uno de los sobrevivientes se presentó e informó a Abram, el emigrante. Éste moraba cerca de la encina de Mambré el amorreo, hermano de Eskol y hermano de Aunan, que eran aliados de Abram. Entonces Abram, al enterarse*

---

2   Los autores que admiten la existencia de este rey bíblico, lo suelen identificar con el elamita Kutir-Nahunte II de la dinastía shutrukida, contenporánea del final de los casitas en Babilonia, razón por la cual lo incluimos en este momento, no sin advertir que se trata de una teoría especulativa sin fundamento alguno.

Los tres textos siguientes ADD 11, ADD 12 y ADD 13 corresponden a las famosas tablillas de Spartolli, consideradas falsas por la mayoría de autores, excepto el texto ADD 12, en el que creen identificar a Kutir-Nahunte II, por lo que en vez de Kudur-Lagamar, traducen Kudur-Nahunga y lo identifican con Kutir-Nahunte II mencionado antes. Como todos los textos se refieren a Codorlaomer, los mantenemos juntos en esta época, aunque probablemente haya que situarlo mil años antes.

de que habían hecho prisionero a su hermano Lot, contó los esclavos nacidos en su casa -318- y corrió en persecución del enemigo hasta Dan. Y cayó sobre ellos de noche, él y sus siervos, y los derrotó, y los persiguió hasta Joba, que está a la izquierda de Damasco. Y trajo de vuelta toda la caballería de Sodoma, y trajo de vuelta a su hermano Lot, y sus bienes, y sus mujeres, y su pueblo. Y el rey de Sodoma salió a su encuentro, después que Abram volvió de la matanza de **Kodol-logomor** *y de los reyes que estaban con él, en el valle de Save, que era la llanura del rey…"*

TEXTO ADD 11
(Tablilla de Spartoli BM 35404 or Sp
II. 987. Museo Británico)

(Pinches Th. G., "On certain inscriptions and re-cords referring to Babylonia, Elam, and their rulers, and other matters", *Journal of the transactions of the Victoria Institute*, or Philosophical Society of Great Britain Volume XXIX, 1897, pp. 51-57 y 84-85)

Anverso:

"… el cerrojo del cielo, que a los cuatro vientos… él les decretó la enemistad que en Babilonia, la ciudad de su gloria, les decretó la propiedad y las posesiones de Babilonia, pequeñas y grandes. En su firme consejo a **Codorlaomer (Kudúr-KU-KU-mal)**, *rey del país de Elam, le dijeron: «¡desciende!». Llevó a cabo aquello que para ellos era bueno y en Babilonia, la capital del país de Babilonia se hizo con la soberanía…; puso [su trono] en Babilonia, la ciudad del rey de los dioses, (el dios) Marduk, derrocó la realeza… la convirtió en rebaño y guarida de perros, los ruidosos cuervos ex-*

cretaron allí, los perros rabiosos la convirtieron en huesos... ¿Qué **rey de Elam** hay que proveyó al (templo) Esagila... los habitantes de Babilonia hicieron y su mensaje..."(En cuanto a) [las pala]bras que escribiste: 'Soy rey, hijo de rey, de [simiente real e]terna, [de hecho] hijo de hija de rey que se sentó en el trono real. [En cuanto a] **Dur-sir-ilani hijo de Erie-[A]ku**, que [se llevó] el botín de [...] y se sentó en el trono real, y con la espada fue muerto... [En cuanto a] nosotros, que venga un rey cuyo [linaje esté] firmemente establecido] desde la antigüedad, que le podamos llamar señor de Babilonia... será hecho en Junio y Julio en Babilonia... el que destruye todos los países... Con su firme consejo... en vez de un diluvio... con el botín que traerán... asolando...".

Reverso:

"... el rey, gobernante sin rival... su vida... (el dios) Samash... tantos días como... señores del pecado... el sabio quienquiera... los bienes de Babilonia y el (templo) Esagila... Tablilla de Tu[...]... Nabu...".

TEXTO ADD 12

(Tablilla de Spartoli BM 34062; Sp. 158 & Sp II. 962. Museo Británico)

(Pinches Th. G., "On certain inscriptions and records referring to Babylonia, Elam, and their rulers, and other matters", *Journal of the transactions of the Victoria Institute*, or Philosophical Society of Great Britain Volume XXIX, 1897, pp. 57-65 y 86-89)

(Lambert W. G., «The fall of the cassite dynasty to the elamites. An historical epic», *Mesopotamian History and Environment Occasional Publications*

(MHEO) II, Cinquante-deux reflexions sur le Proche-Orient Ancient, pp. 68-70)

(Ver Quintana E., *Textos para la Historia de Elam*, Visionlibros, Madrid 2023, Texto 285)

Anverso:

*"[...] **Elam** [...] su propiedad [...] sus rostros [...] exponién-dolos a la luz del día [...] se acercó a la gran puerta. Arrancó la puerta de (la diosa) Ishtar y la arrojó a un lado. Como un inclemente (dios) Erra entró en el patio principal. Se detuvo en el patio principal, examinando el templo Ekur."*

"Abrió su boca y habló a sus siervos. Se dirigió a todos sus guerreros en plan blasfemo: «¡asolad el (templo) Ekur, lle-váos sus propiedades, desbaratad su planta, detened sus ri-tos!»."

*"Los enemigos se acercaron a Iku, el mar de(l dios) Ea. Destruyeron sus muros [...] frente a ellos. [...] (el templo) Esharra, [...] su ángel protector tuvo miedo. Desbarataron [...], allanaron el culto. Entraron en el Consultorio y des-trozaron su portal. Los enemigos se acercaron al (templo) En-nun-dagalla con malas intenciones. Ante ellos se revistió el dios de luz, resplandeció como si brillara, tembló en su pedestal. El enemigo tuvo miedo y se retiró [...] al sacer-dote divino, diciéndole: «[...] el dios se ha revestido de luz, resplandeció como si brillara y tembló en su pedestal. [...] (el templo) En-nun-dagalla, ¡quítale la corona! [...] su [...], ¡llévate su mano!». [...] no tuvo miedo y no pensó en su vida: no se acercó al (templo) En-nun-dagalla, ni le quitó la co-rona. [...] el elamita, habló contemporizador. **Al elamita**, el astuto, le habló con preguntas. El enemigo respondió al ofi-cial, "[...] ¡que lancen un ataque repentino sobre el (templo)*

Ekur!". [...] en el (patio) Kisalmah..., un hombre, un sacer-dote. [...] el oficial hizo. [...] el sacerdote, [...] contra él".

Reverso:

"[...] la mesa [...] cuando el espíritu del bien habló [...] el demonio protector del (templo) Esharra [...] tuvo miedo. El enemigo elamita apresuró el desastre y (el dios) Bel dejó que se urdiese el mal contra Babilonia. Cuando el espíritu guardián se apartó, el demonio protector del (templo) Esharra, el templo de todos los dioses, tuvo miedo. El enemigo elamita se llevó su propiedad y (el dios) Enlil, que moraba allí, se enfureció".

"Cuando el cielo cambió su apariencia, un vapor espectral y un viento dañino cubrieron sus rostros. Los mismos dioses se asustaron y bajaron al Abismo. El tifón, un viento dañino, rodeó el cielo. (El dios) Anu, su creador, se enfureció, hizo decrecer su brillo y... su hartura celestial. Con el incendio del (templo) Eanna desbarató su planta. [...] (el templo) Esharra, el mundo inferior se estremeció. [...] (el dios) Enlil decretó destrucción, [...] se enfureció. En sumerio ordenó el colapso del país de Enlil, ¿quién es este Kudur-Lagamar que trae la destrucción?. Dió órdenes a las hordas bárbaras, destruyó la tierra de Enlil, devastó [...] aparte."

"Cuando del (templo) Ezida su [...]. (El dios) Nabu, el supervisor de todo, se apresuró [...] puso rumbo al mar; Ibitutu, que ya estaba en el mar, partió hacia el Este, atravesó el mar y se estableció en morada ajena."

"Entretanto los ritos del (templo) Ezida, el templo fiel, se abandonaron. [...] El elamita reordenó sus carros y puso rumbo a (la ciudad de) Borsipa, se aprestó por la sombría ruta y entró en (la ciudad de) Borsipa; los malvados elamitas derribaron su santuario. Los nobles [...] mataban con la espada, se llevaban todo lo de los templos. Reunieron las

*propiedades y se las llevaron a **Elam**. [...] destruyeron sus muros [...] llenaron la tierra [...]"*

TEXTO ADD 13

(Tablilla de Spartoli BM 35496 or
Sp III. 2. Museo Británico)
(Pinches Th. G., "On certain inscriptions and re-
cords referring to Babylonia, Elam, and their rulers,
and other matters", *Journal of the transactions of the
Victoria Institute*, or Philosophical Society of Great
Britain Volume XXIX, 1897, pp. 46-51 y 82-83)

Anverso:

*"... su trabajo no... ante los dioses, la creación de... aquel día, 8el dios) Shamash, el Brillante... el señor de los señores, (el dios) Marduk, en la fidelidad de su corazón... su siervo, toda la región, el gobernante que no proveía... lo hizo matar. **Dur-sir-ilani, el hijo de Arioc (Erie-aku)**... bienes saqueó, aguas sobre Babilonia y (el templo) Esagila... su hijo, con su propia arma, como una oveja fue degollado... quemó con fuego a viejos y jóvenes... con armas a [viejos] y jóvenes cortó. **Tidal (Tu-ud-hul-a) hijo de Gazza**[...]... sus bienes saqueó, aguas sobre Babilonia y (el templo) Esagila... su hijo hirió su cabeza con su propia arma... de su señorío, ante el templo de la diosa Annunitu..."*

Reverso:

*"[el rey de] **Elam**. la ciudad de Ahhe, en el gran país, sa-queó, ... como el diluvio puso, los centros de culto del país de Akad, con todos sus santuarios, des[truyó], [con fuego que-mó]. **Codorlaomer (Ku-dúr-KU-mal)**, su hijo con la espada de hierro le atra[vesó] el corazón por el medio... su enemigo*

tomó, en este mes de los reyes, los señores del pecado... ex-
tranjeros, contra quienes el rey de los dioses, Marduk, des-
cargó su ira... con enfermedades, sus pechos fueron oprimi-
dos, sus sitios... fueron reducidos a las regiones desiertas...
todos ellos al rey nuestro señor... conociendo el corazón de
los dioses, el piadoso (dios) Marduk, ante la invocación de
su nombre... y el (templo) Esagila proclamó, para que pueda
regresar a su sitio... en tu [corazón?] que lo ponga. Este rey,
mi señor, nosotros... su maldad de su corazón, el padre de
los dioses... señor del pecado, que no...".

PRIMER MILENIO

POESÍA CORTESANA ASIRIA:

(SAA III: Livingstone A., *Court Poetry and Literary Miscelanea*, State Archives of Assyria volume III, Helsinki University Press 1989. Nº 18, 20, 21, 22, 24, 28, 30, 31, 32, 39, 41, 44, 45).

SAA III 18.
Épica de Sargón II.

(Ver Quintana E., *Textos para la Historia de Elam*, Visionlibros, Madrid 2023, Texto 355)

Reverso:

"(10) Para un arco elamita [...] (11) que el arco que agarras [...] Ela[m ...] (12) que [eso ...] en Elam [...] (13) Los Illipeo(s) ...[...] (14) [... el país] Anzaneo [...]". Contexto roto.

SAA III 20.
Narrativa épica relativa a las guerras elamitas de Asurbanipal.

(Ver Quintana E., *Textos para la Historia de Elam*, Visionlibros, Madrid 2023, Texto 496)

"(8) A Elam [...] (9) [...] sus magnates [...] (10) [...] Elam, el Jefe [...] (11) Y la tierra de Arashu, en Elam [...] (12) El rey de Elam [...] (13) Su [...] de [...] (14) Sus magnates, dentro de la ciudad de [...] (15) Se apoderaron del botín [...] (16)

Su eunuco, Nazia [...] (17) Conquistó Arashu, y [...] (18) Él abre su puerta; Marduk-sharru-usur [...] (19) El eunuco [...] en su carreta [...] (20) El enemigo no es enemigo [...] (21) [...] en la "boca" de un arco [...] (22) Marduk-sharru-usur, el eunuco [...] (23) De quien, Elam [...] (24) [...] esto, hijos [...] (25) [...] un hombre... esto, h[ijos...] (26) Elam [......]". Contexto roto.

SAA III 21.
Guerras elamitas de Asurbanipal.

(Ver Quintana E., *Textos para la Historia de Elam*, Visionlibros, Madrid 2023, Texto 497)

Anverso:

"(12) [...] Nabu-bel-shumate (13) quien traidoramente [...]

Reverso:

(3) Nabu-bel-shumate [...] (4) con sus siervos [...] (5) habló [...]". Contexto roto.

SAA III 22.
Peán a Asurbanipal tras su conquista de Elam.

(Ver Quintana E., *Textos para la Historia de Elam*, Visionlibros, Madrid 2023, Texto 498)

"(5) de Elam hacia [...] (6) El rey no accedió a [...] (7) El señor de los reyes (Asurbanipal), en su gran ira, [...] (8) hasta que destruyó el campamento (elamita) [...] (9) y saqueó sus dioses, los reyes (elamitas) [...] (10) sus sepulcros [...] (11) el rey de Elam solo [...] (12) Ummanaldasi como [...] (13) gritó y Nabu-bel-shumate [...] (14) a la presencia del Señor de reyes (Asurbanipal) [...] (15) contigo [...] (16) Nabu-bel-shumate [...] (17) Venid y ven... id y (18) Es un rey fuerte [...] (19) Yo soy [...] (20) Él [...] (21) Me gusta [...] (22) El rey de Elam [...] (23) los magnates [...] (24) Nabu-bel-shumate [...] (25) [Iq]isha junto con [...] (26) mensajeros [...] (27) [...] el país de Elam [...] (28) Bae, el [...]". Contexto roto.

SAA III 24.
Fragmento de una épica real.

(Ver Quintana E., *Textos para la Historia de Elam*, Visionlibros, Madrid 2023, Texto 499)

"(2) [...] Ummanaldasi [...]". Contexto roto.

SAA III 28.
(Fragmento de una carta adulatoria a un rey ¿Asurbanipal?).

(Ver Quintana E., *Textos para la Historia de Elam*, Visionlibros, Madrid 2023, Texto 500)

Reverso:
"(14') [...] el país arenoso de Elam [...]". Contexto roto.

SAA III 30.
Magia contra Bel-etir.

"(8)... abandonad los esquemas (mágicos) de Amma-nappu, no seguir los de Tamaritu. Huid de Amma-nappu".

SAA III 31.
Derrota de Teuman (rey de Elam) y anexión de Elam.

(Ver Quintana E., *Textos para la Historia de Elam*, Visionlibros, Madrid 2023, Texto 494)

Anverso:

"(4-6) [Los príncipes] que huyeron ante mi [... y] concerniente [a quien] Teuman [ha enviado] ...[...], [quien se] sentó [...] y agarró mis pies,

(7-9) yo [...]. Re[unió] a las [... fuerza]s de Elam; y [aunque] no le hice [mal], él [... y planeó] ... y la conquista de mi país.

(10) [..] un banquete ante [...]...: "¡no te vayas!"

(11-13) Pero él [...] las fuerzas de [Elam] y marcharon diciendo: "¡No [descansaré hasta que] venga y coma en el centro de (la ciudad de) Nínive!",

(14-17) Cuando oí [este] pedazo de [insolencia], abrí mis manos a [(la diosa) Ishtar, la dama de (la ciudad de) Arbelas], diciendo: "Yo soy Asurbanipal, a quien su propio padre [(el dios) Asur, engend]ró. He venido a adorarte; ¿por qué Teuman cayó sobre mí?"

(18) [(la diosa) Ishtar me] dijo: "Yo misma [...] en el centro de [...]."

Reverso:

(1-2) [...]... de (la ciudad de) Nínive [...] le hice caer [...].

(3-7) [Cuando ...] vió mis fuerzas, [se asustó ... y] se volvió. Mis servidores, [que...], se alinearon en la batalla contra él [...] y les infligieron una brutal derrota en (la ciudad de) Der. [...] cadáveres entre ellos [...].

(8-9) [Trajeron a (Teuman) mismo con] toda su familia en [cadenas ante] (la diosa) Mulisu y la dama de [(la ciudad de) Arbelas] y lo pasó por las armas.

(10-11) Y cuando [...] transportaron [...] ante mí y ... [...].

(12-17) [Por] el poder de mis dioses y su [justo] mandato, [establecí] una creación de mis propias manos para reinar sobre ellos. [Por mandato] de (los dioses) Asur, Bel, Nabu, Nergal, Ishtar de [(la ciudad de) Nínive], y la dama de (la ciudad de) Arbelas unifiqué a Elam; asenté a asirios [allí], y les impuse tasas y tributos [...]".

SAA III 32.
Visión del inframundo por un príncipe asirio.

Reverso:

"(24-25)... cuyo cuerpo Yabru, Humban y Naprushu (Napirisha) (dioses elamitas) protegen, a cuya progenie mantienen en salud, y a cuyo ejército y campamento rescatan, de modo que ningún conductor de carro puede acercársele en batalla".

SAA III 39.
Miscelánea mística.

"(24)… el carro elamita, que no tiene asiento, lleva en su interior el cuerpo de (la diosa) Enmesharra".

SAA III 41.
Carta de Asur a Samsi-Adad V.

(Ver Quintana E., *Textos para la Historia de Elam*, Visionlibros, Madrid 2023, Texto 327)

Reverso:

"(5-7) Sobre lo que me escribiste: "El pueblo de […] tuvo miedo del terrorífico esplendor de Asur […], aban[donó] sus ciudades y pusieron rumbo a Elam [para salvar] sus vidas.

(8-9) Desde la ciudad de Parsamash hasta la ciudad de Bit-Bunakki, en la frontera [de…],

(10-12) mi ……] les infligió una derrota y se llevó su botín, […...] su ganado vacuno y ovino. [… ciudades cercanas] devastaron, destruyeron y quemaron".

(13-15) ocurrió por mandato de mi gran divinidad. [El pueblo de…] tuvo miedo del terrorífico esplendor de Asur, [abandonó sus ciudades], y [puso] rumbo a Elam [para salvar] sus vidas.

(16) Desde (la ciudad de) Parsamash a [(la ciudad de) Bit-Bunakki en la frontera de…]

(17-18) […...] Les infligieron [una derrota] y se llevaron [sus] despojos, …… sus vacas y ovejas …..]".

SAA III 44.

Respuesta del dios Asur al informe de Asurbanipal sobre la guerra con Samas-shuma-ukin.

(Ver Quintana E., *Textos para la Historia de Elam*, Visionlibros, Madrid 2023, Texto 501)

Reverso:

"(5)... yo (Asur) abatí los arcos de Elam y fortalecí el tuyo".

SAA III 45.

Respuesta del dios Asur a Asurbanipal sobre la guerra elamita.

(Ver Quintana E., *Textos para la Historia de Elam*, Visionlibros, Madrid 2023, Texto 495)

"(6-8) [Los magnates] de Elam tiemblan y se estremecen ante ti. [Por] tu [... y] el excelente destino que decreté para ti, tu golpearás [...], y sus gobernadores se tambalearán como cañas en la tempestad.

(9-12) Te recordaré [......] y te lo mostraré. [(Mientras) el ......] se apoderó de sus [...] y se los llevó a Elam, tú [...] continuamente te acercas a mi gran divinidad. [El que] pone la mesa de las ofrendas y esparce una ofrenda de harina en mi presencia...".

LISTA DE TESOROS:

(SAA VII: Fales F. M.-Postgate J. N., *Imperial Administrative Records, Part 1, Palace and Temple Administration,* State Archives of Assyria volume VII, Helsinki University Press, 1992.)

SAA VII, 60.

Se trata de una lista de objetos de los dioses de Akad, cuando fueron a Elam. Especialmente se menciona que Nikkal-iddin tomó en préstamo 15 minas de plata cuando fue a Elam. También que se pagaron 10 siclos como regalo para una audiencia del rey de Elam.

Anverso:

Columna i

(i 1) [Estos son] los objetos [de los diose]s de Akad, [que fuer]on [a] Elam:…

(i 5) [x] rosetas de aleación de oro, de la Señora de Akad, en oro;…

(i 7) [x...] de plata, 15 minas de peso, Nikkal-iddin, cuando fue a Elam, las tomó prestadas;…

(i 11) [x] jarras de vino de plata;

(i 12) 1 bloque de plata;

(i 13) 3 copas para beber de plata;

(i 14) 1 rociador de plata;

(i 15) 4 rejillas de plata;

(i 16) 2 cajas de plata;

(i 17) 1 bol con base de plata;

(i 18) 1 cesta de plata;

(i 19) 3 ...[...];

(i 20) 1 [...]

(roto)

Columna ii

(ii 1) Todo esto se ha perdido.

(ii 2) Los sacerdotes dicen: "hay (algo) además, (que) Belibni ha cambiado por oro."…

(ii 6) 2/3 de mina, usados para reparar el pedestal de la Señora de Akad;…

(ii 8) 12 siclos, que añadí a los viejos anillos de oro de (la diosa) Nanaya, [haciendo] unos nuevos;…

(ii 11) 2/3 de mina para 4 ornamentos puros con forma de estrella, de la Señora [de Akad], que lleva en el hombro [...];…

(ii 14) 8 siclos, convertidos en 2 anillos [de oro] del dios Mar-biti;…

(ii 16) 10 siclos, regalo de audiencia, que presentaron al rey de Elam;…

(ii 19) 2 siclos [...]

(roto)

Reverso:

Columna i

Comienzo perdido (alrededor de la mitad).

(r i 2) con ellos [...];

(r i 3) total, 21 minas [...];

(r i 4) 2 rejillas de plata [...]:

(5-7) los Pilateos las perdieron por el camino de la ciudad de Shiddi-[...];

(r i 8) 8 minas de plata del dios Palil,

(9) de Opis:

(10-13) las añadí a los dos viejos quemadores de incienso de la Señora de Akad,

(14) e hice unos nuevos.

Columna ii

Comienzo perdido (unas 12 líneas).

(r ii 1) El oro, que

(r ii 2) [...] Gilu'a [...]

(r ii 3) tomó [...]:

(r ii 4) 2 anillos de oro,

(r ii 5) de 2 minas de peso;

(r ii 6) 4 ornamentos puros con forma de estrella,

(r ii 7) 2/3 de mina de peso;

(r ii 8) 1 sortija de oro,

(r ii 9) de 4 siclos de peso;

(r ii 10) [...] ... de oro,

(r ii 11) de [x] minas de peso;

(r ii 12) [x] minas de oro, fragmentos

(r ii 13) de ...;

(r ii 14) [total, x] minas 10 siclos de oro:

(r ii 15) [todo lo] cual Gilu'a

(r ii 16) [se lle]vó.